小米营销法

黄志伟 | 著

广东旅游出版社
GUANGDONG TRAVEL & TOURISM PRESS
悦读书·悦旅行·悦享人生

中国·广州

图书在版编目（CIP）数据

小米营销法 / 黄志伟著. -- 广州：广东旅游出版
社，2024. 12. -- ISBN 978-7-5570-3455-9

Ⅰ. F632.4

中国国家版本馆CIP数据核字第2024EH6392号

出 版 人：刘志松
责任编辑：张晶晶　麦少泳
责任校对：李瑞苑
责任技编：冼志良

小米营销法
XIAOMI YINGXIAOFA

广东旅游出版社出版发行

（广州市荔湾区沙面北街71号首层、二层　邮编：510130）

电话：020-87347732（总编室）

020-87348887（销售热线）

投稿邮箱：2026542779@qq.com

印刷：天宇万达印刷有限公司

（河北省衡水市故城县金宝大道侧中兴路）

670毫米×950毫米　16开　15印张　160千字

2024年12月第1版　　2024年12月第1次印刷

定价：58.00元

小米公司官网上有一句话："2010年，小米创始人共饮一碗小米粥，开启了小米加步枪干革命的故事。"这便是小米的缘起。

2010年4月6日，小米科技有限责任公司在北京银谷大厦悄然成立。当时没有多少人会想到，这家不起眼的创业公司将在短短十多年后变成科技龙头企业。

小米是全球领先的智能手机品牌之一，智能手机出货量稳居全球前三。目前，小米集团业务已进入全球逾100个国家和地区。截至2023年8月，小米集团连续五年入选《财富》"世界500强排行榜"（Fortune Global 500）。

小米不仅在技术研发能力上有自己的独到之处，在营销方法上也独树一帜。这家科技公司从诞生之日起就没有走过寻常路。

一往无前的小米想要"和用户交朋友，做用户心中最酷的公司"。因为小米创始人雷军把"改变商业世界中普遍低下的运作效率"作为创业理想，他提出了一套"互联网思维"理论，打造了一个又一个爆款产品，让公司凝聚了一大群被称为"米粉"的忠实用户。

业界将小米的这种商业模式称为"小米营销模式"。无论曾经饱受过多少争议，如今小米的营销模式已经被认为是"高效率"的代名词。因为它能够为公司带来巨大的流量，让用户保持很高的品牌忠诚度。

在"米粉"的眼中，小米的产品是高科技、高颜值、高性价比的"三高"产品，小米是一家尊重粉丝、很有人情味的企业。"米粉节""米粉家宴"等活动很受欢迎，小米之家的现场服务体验也很人性化，一切都很"酷"。而对于其他消费者来说，即使没用过小米公司的产品，也对小米品牌早有所闻。

在小米的发展过程中，其采用过很多营销策略，如口碑营销、话题营销、借势营销、社会化营销等。这些手段之所以能产生理想的效果，根本原因是小米的营销模式形成了一个良性循环。

小米从产品研发设计阶段就让大量用户参与进来，这一举措使得小米获取了来自用户的第一手反馈信息，进而将产品打磨得更得人心。在小米，不只是公司的服务团队尽可能地贴近用户，连工程师团队也坚持"跟用户做朋友"这个原则。这样的工作模式，不仅提升了用户前所未有的参与感和归属感，还让用户拿到了"感动人心，价格厚道"的爆款产品。

小米高度重视粉丝运营，通过真诚与热爱来感召"米粉"，再借助"米粉"的力量完成了爆品的宣传与推广，成就了"用户就是小米产品最好的宣传员"。而小米的粉丝经营策略，一直在不断地把普通用户转化为忠实用户，从忠实用户中找到智能产品发烧友，将其作为种子用户。如此一来，小米的市场基本盘在迅速增长的同时也能保持关系的牢固。

小米还打造了自己的生态链，孵化了大量专注于打磨极致产品的生态链企业，让用户付出的每一分钱都有所超值。此外，小米公司还根据新零售战略的部署，向社交电商和全渠道营销的方向积极探索。

这一系列举措都让小米公司的营销模式实现了效率的持续提升和流量的完美闭环。倘若脱离了这个背景，任何促销手段都将是无源之水、无本之木。

本书将从小米如何把握市场风口开始，从爆品战略、产品研发、用户服务、粉丝经验、营销策略、生态链布局等方面揭示小米营销模式的内在逻辑。

第3章

打磨产品：科技要有慰藉人心的力量

第4章

提升服务：把用户体验做到极致

第7章

构筑生态链：在市场竞争中保持先锋势能

第1章
▼

从行业新军成为
领跑者的秘诀

- ◆ 如何让新创品牌赢在起跑线上
- ◆ 凭战略定力把握市场风口
- ◆ 警惕"规模不经济"的陷阱
- ◆ 小米的"三大铁律"
- ◆ 走近小米新零售战略
- ◆ 小米之家面临的机遇与挑战

如何让新创品牌赢在起跑线上

　　小米的创始团队曾经为新公司的名字绞尽脑汁。有的提议叫"红星"，有的说叫"红辣椒"，甚至有的认为"黑米"这个名字很酷炫。大家讨论过至少上百个名字，依然莫衷一是。不过，所有人都认为公司的名称一定要亲民，要朗朗上口，不要搞古怪的英文翻译，一定要是个令人印象深刻的中文名字。

　　雷军想到了一句话："佛观一粒米，大如须弥山"。有人据此提议公司名字叫"大米"。但投资人刘芹认为："互联网天生回避大而全，我们不取大，取小，我们就叫'小米'吧。"这话赢得了所有人的赞同。"小米"二字由此成了这家科技公司的名称。创业团队还进一步阐述了品牌名称的含义与企业愿景，并设计了小米吉祥物"米兔"，打造了一套特色鲜明的小米品牌文化名片。

　　对一家新成立的公司来说，品牌名字就是一面旗帜。在市场中立好了旗帜，公司品牌才能被消费者和合作方看到，获得发展机会。遗憾的是，不少公司对创立公司品牌的工作重视不足，既没有取一个响当当的品牌名称，也没有明确品牌的初心，更没有设计令人过目不忘的鲜明标识。这些都将限制公司品牌的发展后劲。

小米在这方面做得很好，一开始就为公司发展树立了清晰的起点，让创新品牌赢在了起跑线上。通过小米团队初创品牌的历程，我们可以总结出一些创立品牌的宝贵经验。

1．取一个响亮的品牌名称

为创业公司取品牌名称需要注意哪些问题呢？通常，以下五点是我们必须考虑的：

一是，公司的中文名称要方便记忆，容易传播。

二是，可以获得配套的顶级域名（域名是独一无二、不可重复的，谁先注册谁先得）。

三是，商标可以注册。

四是，名称要便于国际化推广（便于外方翻译和理解）。

五是，最好是生活中耳熟能详的事物，让大家很容易产生联想。

对照上述要求，"小米"是一个完美的品牌名称。小米是五谷之一，大家对此再熟悉不过了，听着就非常亲切。而且，雷军非常欣赏"小米加步枪"的革命浪漫主义精神，也想用这样的精神去打造一家征服世界的一流企业。更巧的是，Mobile Internet（移动互联网）的首字母组合"MI"，也是"米"字的汉语拼音字母。于是，大家一致决定将其作为小米的Logo标志设计。

"小米"这个简单、易懂的名字，以"MI"为主要图案的Logo，再配上简洁的拼音域名xiaomi.com，巧妙地实现了名称、标志和域名的"三位一体"最优化设计。这对小米在搜索引擎和日常传播等方面的流量有极大的帮助。

创业团队先是全力以赴地把"小米科技"注册下来，还花了几十万元拿下"xiaomi.com"的域名。2014年，小米正式进军国际市场时，公司不惜花费360万美元买下了新的国际域名"mi.com"。因为这个域名更适宜于国际推广，更易于"Mobile Internet"概念的全球传播。

试想一下，假如小米没有做到品牌名称、标志和域名的"三位一体"，那么这个品牌未必能在短时间内迅速打响知名度，成为国内外皆知的行业黑马了。

2. 小米的品牌宣言——"为发烧而生"

创立品牌不只是取名字、注册商标那么简单。没有明确的企业使命和企业文化品牌，就是一个徒有其名的空壳子。小米在这方面一开始就很清醒，从做第一个产品项目MIUI到后来研发手机等产品，都始终坚持"为发烧而生"的品牌宣言。

品牌宣言能体现企业愿景，也就是企业长远发展目标。一个好的品牌宣言往往是简单纯粹、直指人心的，这样才能激发消费者对美好科技生活的向往，明确全体员工的奋斗目标。"为发烧而生"这句话乍一看似乎有点怪怪的，但它非常形象地表达了小米独特的品牌文化。

小米创始人个个都是数码发烧友，喜欢玩各种优质的数码产品。团队成员立志要做专为发烧友设计的手机。无论市场有多大，也无论小米今后如何发展，"为发烧而生"就是小米的初心，鞭策着它不断升级迭代出远超用户预期的极致产品。

在小米看来，创业的产品能够成功的前提是先找到自己的痛点或痒点。如果自己都不能真心热爱自己研发的产品，又怎么希望它们能打动用户呢？各个领域的领军企业，往往都具有这种精益求精的工匠精神。

"为发烧而生"的另一层含义，就是与用户一起享受做科技产品发烧友的快乐。小米手机的用户（"米粉"）喜欢聚在一起玩手机，用手机的强大功能做各种有趣的事情。小米也积极与用户打成一片，在论坛社区与同一部手机的用户相识，结伴参加线下的同城聚会，共同分享使用产品带来的快乐。这种个性鲜明的品牌文化，让小米公司团队形成了很强的凝聚力，对小米的用户具有很强的号召力。

3. 设计品牌建设所需要的吉祥物

很多品牌都没有自己的吉祥物。有些人认为把产品和服务做好就可以了，为品牌设计吉祥物无疑是注重形式主义，华而不实的。殊不知，这种看似"务实"的观念，恰恰表明创业公司漠视品牌文化建设，不懂得怎样与用户更好地进行情感交流。

小米品牌的吉祥物是一只叫"米兔"的玩偶。小米团队在公司创办的第一天就启动了吉祥物的设计项目。据说，团队当初设计了三个吉祥物方案。第一个方案是原始人，因为形象过于小众而被放弃。第二个方案是小恐龙，雷军觉得恐龙已经灭绝了，将其作为吉祥物的寓意似乎不太妥当。第三个方案就是外表呆萌、戴着雷锋帽的"米兔"。

小米最终选择将"米兔"作为吉祥物。这个吉祥物被设定为充满行动力的白羊座，它热爱生活，喜欢探索新奇、有趣的事物，满脑子都是好玩的想法。这很符合小米追求的极客精神。

卡通形象的"米兔"是小米文创的大IP。据小米联合创始人黎万强介绍，2014年4月8日的"米粉节"，小米在一天之内就售出了超过17万个"米兔"玩偶，2014全年卖出了200万个。此外，小米经常推出不同造型的新款"米兔"。比如，2020年是小米科技成立10周年，也是嫦娥五号探测器成功完成探月任务的一年。于是，小米给"米粉"献上了一款值得收藏的"米兔"——10周年探月"米兔"。这种与时俱进的做法，让小米品牌的亲和力长盛不衰。

如今的用户非常重视"情绪价值"，各大商家也在绞尽脑汁地构思能让目标用户产生共鸣的营销创意。从互联网传播的角度看，一个品牌专属的吉祥物，是对企业品牌文化更为感性的展示方式，能更好地扩大品牌对目标用户的影响力。

（1）取一个好的品牌名称需要考虑许多因素，小米的品牌名称内涵丰富。

（2）小米的初心是"把产品做好，让人人都买得起"，品牌宣言是"为发烧而生"。

（3）设计吉祥物"米兔"是为了用更柔和、亲切的姿态跟广大用户进行情感交流，在互联网传播中突出品牌的个性。

凭战略定力把握市场风口

2010年初，小米创始人雷军给创业投资人刘芹打电话，描绘了自己酝酿已久的大计划——一种由硬件、软件、互联网三大要素相互支撑并形成循环的新商业模式。其中，最主要的产品就是当时刚刚兴起的智能手机。

雷军与刘芹讨论创业前景，认为智能手机将在全世界大行其道。因为2009年博客的崛起带来了大众化传播的革命；电子商务在国内的蓬勃发展为小米的直销模式打下了良好的基础；中国工程师人才济济，为研发智能手机创造了有利条件。

雷军与刘芹据此判断行业的风口已经到来。于是，刘芹决定为雷军新创办的科技公司提供第一笔风险投资。果然，2011年小米手机1代上市后获得了巨大的成功，同时也推动了智能手机在中国普及的时代大潮。从此以后，小米开启了自己的崛起之路，以锐不可当的势头发展成国产智能手机行业的领军企业之一。

多年前，雷军在公开场合说过："站在台风口，猪都能飞上天。"这句话致使很多人认为小米没什么真本事，只是赶上了风口。甚至有人认为只要能赶上风口，谁都能获得成功。其实，很多人对这句话存在很大的误解。

雷军把小米比作"风口上的猪"，本意是指创业者在进入新领域、寻找新机会时，应当放低姿态，虚心学习，既要埋头苦干，也要把握时机，顺势而为。没有人能随随便便成功，那些能上天的"猪"，都是做好了准备的。他们知道风来不来，什么时候来，从哪里来。因此，雷军及其小米的成功离不开对风口的准确把握，更离不开深厚的行业积累形成的战略定力。

1. 小米具备了爆发式增长的条件

小米在创业初期采取了短、平、快的运营模式，结果迎来了产品销量的爆发式增长。这个成功离不开天时、地利、人和。

移动互联网的兴起是小米的"天时"。小米营销模式高度重视对粉丝的经营。假如放在移动互联网诞生之前，小米是不可能做到这一点的。移动互联网显著提升了人们的沟通效率，能有效地集结大量用户，从而让小米迅速洞察用户的痛点和诉求。而庞大的粉丝正是小米系列手机销量能获得爆发式增长的根本。

优秀的业内学习榜样是小米的"地利"。小米手机追求极致的产品。苹果手机与三星手机等知名品牌，从设计、用材、工艺、品质、外观等为业界提供了很好的参考。小米手机参考了这两个品牌手机的核心功能与应用，同时成功地压低了价格，从此在用户心中成为"便宜的好货"的代名词。

团队与粉丝的力量促成了小米的"人和"。小米的核心团队团结一心，以打造爆品为目标，直接与用户粉丝（统称"米粉"）沟通，并采纳好的建议和创意，解决用户最关心的问题。这种同舟共济的合作氛围，不仅让小米手机广受用户的欢迎，还让用户获得了充足的"参与感"，形成了极高的品牌忠诚度。

天时、地利、人和这三股合力，让小米具备成为"风口上的猪"的条件。剩下的问题就是牢牢把握风口了。

2. 小米捕捉到了风口

小米捕捉的风口大致可以划分为三个维度：线上风口、粉丝风口、爆款风口。

"线上风口"跟前面讲的"天时"息息相关。移动互联网时代的到来，让人们能够打破时间和地域的限制，极大地延长了人们的上网时间。这不仅使得网民的规模迅速增大，还让人们的生活越来越离不开智能手机。无论是日常娱乐，还是工作交流，移动互联网都能让人们以成本最低的方式完成最直接、最高效的沟通。可以说，若没有"线上风口"，小米的商业模式就是无本之木。

"粉丝风口"，指的是粉丝经济的新潮流。小米分析了用户的爱好与兴趣点，精心培育出了号称"米粉"的核心粉丝，然后通过为他们提供超预期的产品和服务，在"米粉"中形成良好的口碑。粉丝经济的一大特征就是依靠粉丝的口口相传建立品牌的信誉与热度。小米公司抓住了粉丝的风口后，迅速获得了市场的认可，从而以极快的速度成长为业界的知名品牌，与各个创立更早的品牌展开竞争。

"爆款风口"则体现为小米颇具特色的产品研发营销策略。小米一开始就把有限的资源和人力聚焦于单个产品，以追求极致的态度反复打磨产品，最终以小米一系列爆款手机打开了市场局面。小米一直坚持爆品战略，用爆品持续深耕用户体系，甚至借此刮起了一股持续提升供应链整体效率的旋风。"爆款风口"使得小米始终把力量聚焦在主要方向，持续叠加品牌的势能。要想在十几年中坚持做到这一点，离不开小米高层的战略定力。

3. 小米的战略定力

战略定力是一个心理学术语，它指的是人或组织在错综复杂的形势下为实现战略意图和战略目标所具有的战略自信、意志和毅力。简而言之，就是敢不敢在风云变幻中坚持走自己认定的道路。越是形势不好的时候，越是考验决策者战略定力的时候。通常，那些战略定力不好的企业，一遇到挫折就想掉头重来，这样的企业或品牌自然就难以做大做强。

小米的战略定力不是盲目自信，而是因为做好了"三高"——高效率、高服务、高品控。

高效率是小米经营管理的灵魂。小米的高效率体现在决策、沟通、设计研发、拓展粉丝等环节上，其整条供应链也在不断提升效率。高效率使得小米能持续迭代爆品，及时发现并把握一个又一个市场风口。

高服务是指快速、周到、细致、人性化的全方位服务。小米秉承"和用户交朋友，做用户心中最酷的公司"的愿景。包括创始人雷军在内的每个小米员工，都积极地跟用户直接沟通，通过真诚的交流打动用户的心，把普通用户转化为忠爱小米品牌的"米粉"。稳定、壮大的"米粉"队伍，是小米保持战略定力最大的底气。

高品控则是小米对产品的一贯追求。小米努力践行"始终坚持做感动人心、价格厚道的好产品，让全球每个人都能享受科技带来的美好生活"的公司使命。打造"感动人心、价格厚道的好产品"，离不开精益求精的品控管理。小米品控也讲究"三高"——高颜值、高应用性、高性价比（关于这一点，我们将在后面的章节详细介绍）。假如没有高品控做后盾，小米营销手段再厉害，也扛不住劣质的产品引发的退货潮和负面口碑。

4. 小米在不同发展阶段的营销策略组合

值得一提的是，拥有优秀战略定力的小米，在把握市场风口的时候也保持了随机应变的灵活性。以下是小米在各个发展阶段的营销策略组合。

（1）初创期——饥饿营销。

初创期的小米虽然研发出了爆款产品，但是尚未获得成熟的供应链。本阶段的小米采取了饥饿营销的模式，即在互联网上开放预售通道并限购产品，从而给外界制造了一种爆款产品供不应求的现象。小米在手机研发阶段就广泛采纳"米粉"的建议，此举让以年轻人为主的"米粉"很有参与感，从而愿意去抢购小米手机。低成本的饥饿营销一度成为小米的标签，但随着公司进入发展期，这个营销策略也完成了历史使命。

（2）发展期——投放广告+社会化营销。

发展期的小米尝试过两种不同的营销思路。一个思路是在传统媒体上花高价投放广告（如在央视春晚投放广告），向大众传播小米的企业文化。另一个思路是成本更低但更符合互联网时代潮流的社会化营销，包括在新媒体上积极传播理念、扩大粉丝群体；利用事件营销制造网络热点话题，引发大众关注；组织米粉节等线下活动，跟"米粉"进一步打成一片。

（3）成熟期——粉丝社群营销。

成熟期的小米不但在全国各地都能组织粉丝社群活动，而且还以小米之家售后服务站为依托，定期组织同城会、米粉节、小米家宴等文化娱乐活动。这些措施极大地巩固了"铁粉"群体，为小米后续的口碑营销和产品研发注入了大量活力。深入"米粉"群众的小米，因此获得了更强的把握风口的能力。

（1）小米在创业初期之所以能实现爆发式增长，是因为集齐了天时、地利、人和等条件。

（2）小米定义的市场风口主要包括三个维度：线上风口、粉丝风口、爆款风口。

（3）小米定义的战略定力包括三个维度：高效率定力、高服务定力、高品控定力。

（4）为了抓住市场风口，小米在不同发展阶段采取了不一样的营销策略组合。

警惕"规模不经济"的陷阱

案例回顾

　　小米像所有火爆一时的创业公司一样，一度沉迷于快速扩张，片面地追求商品交易总额的高速增长。这个阶段的小米不再专注，分散了研发资源，被外界批评为"杂货铺"。在此期间，小米公司出现了一个反面教材——研发非智能波轮洗衣机。

　　一开始，小米从1999元的10kg智能滚筒一体机切入市场。由于该产品的智能技术领先、性能良好、设计精美、做工扎实，在市场上获得了成功。然而，小米研发团队急于实现规模增长，又很快开发了售价799元的非智能波轮洗衣机等传统产品。

　　与其他同类产品相比，小米的非智能波轮洗衣机在性能和体验上没有什么差别，只是价格略占优势，材料品质较好一些。与小米的爆品相比，它并不能给用户带来独特的体验和价值。而且推出一款新产品，意味着存货单位、开发成本、市场成本、售后客服成本、仓储物流成本、销售运营管理成本都随之增加。同时，公司还稀释了原本要投入到核心业务上的资源。这就让小米陷入了"规模不经济"的陷阱。

1. 什么是"规模不经济"的陷阱

小米一直是以互联网思维打造爆品、经营粉丝的，非常依赖用户带来的口碑与流量。刚开始，小米专注于打造爆品，爆品经过互联网的发酵很快聚集了庞大的流量，流量会吸引特定的用户群体，并将其转化为小米的忠实粉丝。由"米粉"组成的社群是公司最宝贵的用户资源，也是小米的市场基本盘。

其实，任何一家创业公司只要把握住了风口，运营状况良好，就能很快发展壮大起来。该公司的业务也会随之由单一变得多元，以便占领更广阔的市场。原本公司只要专注核心业务，服务基本盘的用户群体，就能获得可观的流量。然而，随着公司业务规模和业务类型的不断拓展，公司服务的用户群体也变得更多元化。

为了满足多元化的用户群体，以换取更多的流量，小米在智能滚筒一体机获得成功后，又企图在非智能波轮洗衣机领域打开局面，结果却不尽如人意。这款产品并没有给小米的用户提供真正的价值和超预期的体验，自然就得不到用户的高认可度。

公司规模越大，投入越多，效率反而越低，最终不仅流量没有增加，真实用户还未能实现有效的增长。这种费力不讨好的经营现象就是"规模不经济"的陷阱。

2. 揭开流量的奥秘

在互联网时代，不是不能追逐流量，而是不能迷失在盲目追逐流量的漩涡中。急功近利的思维对于一家创业公司是灾难，对于一家成熟的公司也是危机。要想避免"规模不经济"的陷阱，就要正确地认识流量，弄清流量背后隐藏的规律。

流量按照平台的不同，可以分为电商流量、新媒体流量；按照用户的触达和运营方式不同，可以分为公域流量、私域流量；按照收费与否，可以分为免费流量和付费流量。不管是哪种划分方式，流量的源头都是公司可以影响的潜在用户。只有先付出经济上或情感上的各种成本，才有希望把潜在用户转化为真正会消费的真实用户。

如今的流量市场已经进入算法时代。流量的分配并不完全取决于用户的好恶，在很大程度上是算法推荐的结果。一篇文章或一个视频火不火，往往需要经过算法进行标签化、个性化推荐，并且经过多个流量池的大力推送。我们之所以经常看到关于某个热点话题的视频扎堆出现，就是基于大数据的人工智能机器学习和推荐的结果。

基于算法形成的流量和产品自身的品质都是爆品走红的前提。为了追求营业收入翻番，小米试图用精细的流量操盘在传统波轮洗衣机的领域打造爆品。谁知这种方法并没有催生爆品，反而让小米多了一个反面教材。小米分散了研发资源，其推出的产品本身也不如智能滚筒一体机那么惊艳。这种业务扩张并不能为小米积累智能手机、智能生态的新用户，无法实现真正的用户增长。

3. 用户比流量更重要

经过这次受挫，小米痛定思痛，重新把注意力放在核心战略和追求真实用户的增长上。真实的用户增长比表面的流量虚高对公司的发展更重要。流量只是结果，用户才是根本，得用户者得天下。

如今，小米壮大了，业务变得多元化了，那该如何避开"规模不经济"的误区，让组织保持健康有序地发展并实现用户增长呢？

小米重新梳理了自己的业务模型。公司是从MIUI系统、智能手机和小米社区开始获得种子用户的，然后种子用户传播口碑为小米社区引流，再加上小米网、小米商城App，使公司沉淀了更多用户。

事实上，小米的营销模式打造了一个围绕用户展开的流量闭环。这个闭环从三个维度持续发展：

一是硬件——智能手机、电视、智能硬件等。

二是零售渠道——小米网、各大电商、小米之家、有品等。

三是互联网——MIUI系统、云服务、人工智能小爱同学、金融科技等。

这个流量闭环曾经是严密的，但随着公司的高速发展，该闭环出现了明显的缺口。小米在全网电商和新媒体平台上的官方账号矩阵，表面上增长了流量。可是，小米从新平台上获得的用户有些并不能沉淀到内部体系中，流量获取的成本也日益增加，造成了"规模不经济"的被动局面。

与其一味地追求流量规模的扩张，不如升级流量闭环，进行真正有效的流量转化。

4. 打造共赢的流量闭环

2021年，小米公司启动了小米社区重建计划，对原有的产品、团队和运营策略都进行了大幅度调整，打通了公司内部各条业务线，强化了与"米粉"和目标用户的深度沟通，同时还启动了小米顾问计划，邀请"米粉"来公司现场交流和解决问题。这一切都是为了重塑流量闭环，实现用户的真正增长，从而沉淀更多真实的新核心用户。

此外，小米重塑流量闭环的行动，不仅是针对用户，还针对合作伙伴。

创业初期的小米几乎不需要合作伙伴，而是直接跟用户进行沟通。这个做法最大程度地减低了创业初期的营销成本和渠道成本。可是，小米还因此在多个领域把其他人都变成了竞争对手。

真正高质量的流量闭环，不应该是孤家寡人的闭环，而应该是一个合作与共赢的闭环。小米推出了生态链战略，让更多合作伙伴加入小米模式的高效体系，进而推动整个行业的效率提升以及升级迭代。

于是，小米在产业上游推进产业投资，重构供应链，攻克技术瓶颈，在产业下游向更多的渠道合作方打造新零售。让合作伙伴受益，为用户创造更多真正的价值，这才是解决流量和转化的问题、避开"规模不经济"的陷阱的正解。

（1）"规模不经济"是：过度追求流量，忽视真实用户的增长，结果导致规模越大，效率越低，最终没办法给用户提供真正的价值。

（2）流量有多种划分方法，也有自己的运行规律。流量的分配很大程度上取决于算法。

（3）用户比流量重要。只有打造围绕用户的流量闭环，才能避免流量的无序扩张，实现真正的用户增长。

（4）流量的闭环不应该是完全封闭的，而是一个能让用户与合作伙伴都受益的共赢的闭环。

小米的"三大铁律"

2013年，小米组建了一家生态链公司——青米科技。青米科技的第一个小目标是打造一款能卖到1000万个的插线板。小米提的产品设计要求有：拥有三个强电插口和三个USB充电器（弱电插口），强电插口和弱电插口均匀排布，同时体积要小，外观要尽量好看。也就是说，青米公司研发的插线板不仅要在同类产品的品质中达到最佳，还要尽力把产品做小、做薄、做窄。

小米之所以提出如此苛刻的要求，是因为当时市面上带有USB接口的插线板普遍价格很贵，而且外观设计缺乏美感。小米为了打造插线板中的爆品，才提出那么多超出当时行业标准的要求。

小米插线板的研发过程一波三折，光是外观设计就花费了七个半月来打磨。功夫不负有心人，极致的追求带来了惊人的回报。这款插线板于2015年3月31日正式上市，在那一年的米粉节期间的4月8日就卖出了24.7万个，销量在6月17日突破了100万个。从那以后，小米插线板三强电、三弱电的设计思路成了插线板行业的新设计标准。

其实，像研发爆款插线板这样的事情，在小米的发展历程中屡见不鲜。这也体现了小米的研发团队对小米模式的理解。他们在这种指导思想下研发了很多爆品，覆盖了多个消费领域。但小米模式不是一成不变的，它总是根据时代潮流不断变化而调整的。雷军认为，小米模式需要建立一个万变不离其宗的基本原则，才能在实践中构建出更为成熟的小米模式。

为此，2020年8月，小米对创业十年进行了大反思，提出了未来十年新征程的发展策略，并明确了永不更改的"三大定律"——技术为本、性价比为纲、做最酷的产品。

1. 技术为本

决定一家科技公司实力的根本因素是技术能力。小米是一家以智能手机、智能硬件和IoT平台为核心的消费电子及智能制造公司。其面对的市场堪称全球竞争最激烈的领域。海外有苹果、三星等称雄已久的世界名企，国内有华为等实力雄厚的强劲对手。这些公司在科技方面各有所长，都取得了了不起的成就。

假如小米不追求技术为本，不坚持工程师文化，只是在互联网营销上下功夫，就不可能持续打造技术领先、体验出众的极致产品，因此小米所谓的爆品战略就将沦为空有其名的噱头。

事实上，小米从诞生之日起就非常重视技术研发，不断追求极致的产品服务体验和公司运营效率。2021年，小米在研发方面投入的资金高达132亿元，并从2022年开始倍增式扩大研发投入的资金，计划保持年化30%以上的持续增长。

同时，小米一直在扩充自己的研发团队。在2021年12月28日的小米手机12发布会上，雷军称小米工程师已经有16000多人，未来十年还会继续扩充人马。

此外，小米还通过投资等方式与众多国内顶尖硬件科技、先进制造公司展开深度联合研发，合作范围包含芯片、自动控制、自动驾驶、5G、AI、装备制造等领域。这使得小米的技术基础越来越厚实，成为多个领域的技术革新领军企业之一。

2. 性价比为纲

技术是小米的立足之本，性价比为纲则是小米选择的发展道路。性价比模型的本质由高效率实现"便宜有好货"，研发和生产让用户惊喜的爆品。但需要指出的是，以性价比为纲并不意味着小米要做低价值的山寨商品，恰恰相反，小米早已决心成为国产品牌中的高端产品。

现在的用户对产品体验的要求愈来愈高，而旗舰手机（指各个硬件参数在同品牌中最顶尖的手机产品）的成本门槛也不可避免地提升。这一度让小米团队陷入巨大的困惑。对此，很多人的疑问是："坚持性价比能做高端产品吗？"

大多数科技公司都有一个根深蒂固的认识——高端产品意味着高价格和高溢价。但雷军坚持认为高价是结果，而非手段，不能把性价比片面、静止、机械地理解为只能做中低价位的产品，或者只能做参数显性性能突出的产品。

小米的高端化战略并不违背"性价比为纲"的铁律。研发高端产品所需的强大科技实力，正是小米提高效率、降低成本的有力保障。生产高端产品是科技公司系统化能力的集中体现，代表了公司在技术和由技术支撑的用户体验等方面的实力。以高端产品为后盾的品牌会产生极强的虹吸效应，促使其他品牌的用户产生更换我方高端产品的需求。如果不在高端市场形成优势、占得先机，那么规模再大的中低端市场份额最终也会失守。

3. 做最酷的产品

小米模式的核心就是提高效率、降低成本、实现差异化，从而在市场中形成独特的竞争优势。尽管小米模式特色鲜明，但并不难模仿。不少科技公司或多或少都借鉴了小米的商业模式。假如市场上出现了跟小米运作模式几乎一模一样的强大对手，那么该怎样在竞争中保持领先呢？

小米给出的答案就是做最酷的产品，永远比对手快一步，做行业创新的先锋。打造最酷的产品，体现的是对用户体验与产品价值的极致追求，同时也是小米工程师科技创新能力的充分展现。

小米之所以把"做最酷的产品"视为第三条铁律，是因为"始终坚持做感动人心、价格厚道的好产品，让全球每个人都能享受科技带来的美好生活"是小米的企业使命，"和用户交朋友，做用户心中最酷的公司"是小米的发展愿景。正是这些宏伟目标，驱使小米不断地提升效率，以一往无前的勇气迎接未来十年的全新挑战。

虽然小米正式总结出"三大铁律"的时间比较晚，但从插线板的案例中不难发现，小米生态链公司青米科技早已自觉地实践了这三大铁律。小米插线板追求技术上的创新与突破，在性价比上优势明显，而且外观设计也很"酷"。这是它能成为爆款的根本原因。

由此可见，小米的"三大铁律"完全是多年实践经验结成的果实。这对于那些还在创业初期但具有某些技术强项的科技公司不无启发意义。

要点提炼·

（1）小米的"三大铁律"分别是：技术为本、性价比为纲、做最酷的产品。

（2）小米是一家科技公司，必须以技术为立足之本，这是小米模式成功的基础。

（3）小米性价比模型的本质是高效率。没有高效率，就不能做出拥有高性价比的爆款产品。

（4）做最酷的产品，离不开对用户体验的极致追求，同时也是工程师创新精神的最佳注脚。

走近小米新零售战略

　　小米是新零售模式的倡导者与先行者，很快开始探索线上、线下双重布局的新零售模式。其中一项重要的工作就是打造小米自己的直供体系。2017年，小米成立了线下销售部，目标是重构小米的核心零售客户体系。

　　由于原先的物流平台中止了合作，小米决定不惜代价地走"全面直供"的新道路。所谓全面直供，就是去掉中间商，与零售商进行一对一的合作。然而，当时距离下一代产品的发布时间只剩一个月了。小米线下销售部顶住巨大的压力，利用这个短暂的时间窗口，争分夺秒地建立了自己的系统，与所有的核心零售商完成了合同签署。

　　此时正值小米发展的低谷期，但这套直供体系顺利保障了小米MIX2和小米Note如期上市，并且在首次销售的一周前就收到了高达七八亿元的预付款。这次被迫做出的战略调整反而为小米新零售战略打开了新局面。

"新零售"的概念最初是小米创始人雷军和阿里巴巴创始人马云于2016年在不同场合的演讲中分别提出来的。这个巧合让媒体一度争论"谁是第一个提出新零售概念的人"。但这个"不谋而合"表明，新零售俨然成为优秀企业家眼中的发展大趋势。

其实在"新零售"概念诞生之前，小米已经在探索新零售战略了，只不过刚开始没有确定"新零售"这个名称。小米模式的核心是高效率，最初只做电商渠道，却从2015年开始大建线下零售渠道。公司宣扬要用极致的电商效率来打造线下零售渠道，这是出于什么考虑呢？

1. 小米新零售战略诞生的背景

原先的小米模式以爆品的产品力和性价比引来巨大的流量和关注度，并依托自建电商渠道直接对用户发货，节省了传统渠道的运营、仓储、运输等建设成本，从而具备了出众的定价竞争力与最迅捷的周转效率。小米从2011年至2014年凭借效率优势，迅速发展为国产智能手机行业的巨头。然而到了2014年，小米的模式遭遇了重大挑战，迫使以原为"电商派"的小米高层开始思考新零售战略。这个挑战包括外部环境的剧变与小米自身出现的发展瓶颈。

2014年第三季度，小米的业绩首次进入全球前三。但外部环境已然发生巨大的变化。第一个变化是电商对国内零售业的冲击已进入了相对平衡的状态，线上市场占零售总额的比重大致稳定。由于线上市场趋于饱和，线上流量红利不可避免地逐渐减少。电商巨头纷纷开启线下布局，试图寻找新的流量入口。

小米的互联网思维模式一直依赖社交网站平台流量来做营销，而线上流量红利的不断减少，使社交媒体的流量来源也发生了改变。这意味着小米在互联网上呼风唤雨的能力逐渐减退，即现有的营销模式越来越后继乏力。

另一个重大变化是小米的竞争对手努力布局运营商渠道和线下渠道。山寨机市场的竞争对手把品牌从三线城市下沉到了五、六线城市，扩大了山寨机的线下份额。而科技实力雄厚的竞争对手研发出了一款旗舰手机，快速夺取了国内中高端手机市场，在线上渠道也对小米展开了全方位的阻击。

与此同时，小米模式自身的短板也日益暴露。首先是小米模式是靠不断推出爆品来维系的。然而，小米缺乏可靠的供应链，综合能力存在不足。随着行业竞争日趋白热化，小米无法确保持续稳定地产出爆品，极大地制约了线上渠道的进一步发展。

其次是中国市场非常复杂，电商对一、二线城市实现了高度渗透，但在更广阔的下沉市场中，线下渠道依然比线上渠道更受用户的欢迎。小米的迅速崛起，离不开熟悉消费电子产品的发烧友群体（"米粉"）。但下沉市场中的目标用户，并不是熟悉产品性能参数的发烧友群体，他们对小米电商模式并不感兴趣。也就是说，原有的小米模式对这个数量更加庞大的用户群体不太友好。

最后，小米自有电商在2014年已经发展到了国内前三的水平，并且是一个严格闭环的体系，这就在客观上与其他大平台电商形成了竞争关系，对线上流量来源的争夺更加激烈，对线上红利的减少也更为焦虑。

2. 从纯电商到双重布局

如果放弃纯电商，开辟线下渠道，那么小米还能保持小而美的公司组织吗？小米团队陷入了沉思。但雷军已经意识到，小米如果没有足够的规模，就没有足够的研发投入，也就缺少足够的供应链支撑。小米迟早要做成大公司，如果一味地追求纯电商路线，那么在智能手机市场中能得到份额也是有限的，必定会触及市场份额增长的天花板。

最终，小米高层达成共识，必须开辟线下渠道，为更广大的用户提供产品，开辟新的用户增长来源。小米的目标是做完整的线上、线下零售双重布局，并使之与公司的整体商业模式融为一体。

（1）线上布局——小米商城和小米有品。

小米商城是小米公司的线上零售渠道，所有商品由公司直接发货，主打小米手机、平板及其周边生活产品等，主要来源于小米自有或者部分生态链企业的产品。

小米有品是小米打造的开放式生活购物平台，于2017年4月6日米粉节上线。该平台采取了多品牌合作的模式，既有小米和米家的产品，也有第三方品牌的产品，商品包含家居、餐厨、家电、影音、服饰、智能出行、文创、健康、洗护、母婴、箱包等类型。

（2）线下布局——小米之家。

关于小米之家的情况，我们将在下一节详细介绍。小米线下布局的另一环是小米专卖店，主要瞄准的是三、四、五线市场的线下销售。此外，小米直供店是公司后来新增的一个线下销售渠道，店主基本上由小米"铁粉"来担任，主要针对乡镇市场，会受到小米公司一定的监督和管理。

3. 小米新零售的三个目标

（1）追求极佳的生活方式。

随着社会的发展，广大用户都会实现消费升级，希望得到更高价值的产品。不过，雷军认为，消费升级不代表产品越卖越贵，而是让用户能以同等的价格买到更加优质的产品。于是，小米的新零售战略将"为用户构建极佳的生活方式"作为宗旨，让用户闭着眼睛就能买到真正能提升生活质量的高端产品。

（2）追求极限的业绩目标。

小米的新零售进行了线上、线下双重布局，把小米之家作为线下主战场，拓展了大量非手机发烧友用户的线下客源，有效地提升流量的转化率与用户的复购率。这令小米降低了对线上电商平台的过度依赖，摆脱了销售下滑的困境，重新实现了销售份额的高速增长。

（3）追求极致的现场体验。

新零售战略依托小米之家，为用户打造了一个极致的现场体验环境。用户可以在小米之家实现沉浸式购物体验，直观地感受高科技产品给自己生活带来的便利。小米通过用户的场景体验，进一步采集大数据，为新零售战略提供强大的技术支持。更重要的是，极致的现场体验有利于把线上的粉丝引至线下，让线上流量转化为实实在在的线下人气，从而有效地提升粉丝对品牌的归属感。

要点提炼·

（1）新零售战略诞生的背景：小米模式的渠道模型遭遇了外部环境变化与自身发展瓶颈的冲击。

（2）小米从纯电商模式转为线上布局、线下联结的"新零售"双重布局。

（3）小米新零售战略的目标：追求极佳的生活方式，追求极限的业绩目标，追求极致的现场体验。

小米之家面临的机遇与挑战

2011年，小米之家开始营业，在线下为用户做产品的维修、养护服务，同时逐步成为承办当地"米粉"聚会活动和展示新产品功能的场所。据雷军透露，截至2015年，小米之家在国内多地共开设了24家官方店，承担了40%的线下服务工单，其他60%的工单则由200多家服务授权店的合作商承担。也是从这一年开始，小米决定开辟线下营销渠道，小米之家由此开始转型。

同年9月，第一家小米之家零售门店在北京当代商城开始营业。经过三个月试水，这家门店取得了每月500万元～600万元的销售额。2016年成立的小米之家北京五彩城店只做零售，而不做售后服务，没多久就达到了每月1200万元的销售额。同年年底，小米的线上销售额占据了总销售额的76.16%，线下销售占到了23.84%。到了2017年，小米之家零售店覆盖了170个城市，平均1.65天就开张一家新门店。这一年，每家小米之家平均的营业流水大约是7000万元。

从上述案例可知，小米之家在小米营销体系中扮演了至关重要的角色。小米之家是小米公司官方直营零售体验店，也是小米公司和用户面对面互动的一个重要平台和窗口。它打造的是粉丝线下社区，通过先主动学习再改革传统零售的不合理环节，以求打造一个更有效率的新零售模型。

1. 小米之家的基本功能

小米之家有两大基本功能：咨询服务、现场购服务。

如果你想了解小米某产品的基本信息等情况，就去小米之家零售店，那里会为用户提供最全面的咨询服务。每一个前往小米之家的人，都可以获得关于小米官方产品最全面的产品信息。无论是产品规格和操作指导之类的基础信息，还是更深入的玩机技巧，小米员工都乐意为用户耐心地逐一解答。

现场购服务也是小米之家零售店为用户提供的主要服务之一。用户可以在每一个小米之家体验小米产品，享受科技带来的生活乐趣，把自己选中的产品带回家。小米之家的现场购接受现金、微信、支付宝、Apple Pay及有银联标记的借记卡和信用卡，购物体验极为便捷，能让用户放心和省心地买到自己想要的产品。

毫无疑问，现在的小米之家营销模式给用户的体验是舒适的。但这个模式在最开始的几年还不够成熟，在大面积推广的过程中也走过一些弯路。

2. "安阳模式"的失利

小米在自建小米之家零售店的同时，决定尝试加盟授权模式。2017年8月，小米发起了整体线下渠道探索的"河南大会战"。小米网销售相关的各路人马在河南集结，以安阳为中心大规模拓展门店。当时，小米还建立了一套支持终端在线订货的系统，让一些街边门店换个小米的招牌就能变成加盟授权小米的新销售终端。

这种多路开花、快速推进的做法被称为"安阳模式"。小米在河南市场的线下份额很快上升到了10%以上。安阳试点的顺利让小米信心大增，进而向全国大面积推广。谁知恰恰是这个举动，导致了2018年小米线下渠道的无序扩张中暴露了许多问题。

"安阳模式"的不足之处包括以下三点：

一是，"安阳模式"全面使用授权店模式，在自身系统不完善的情况下就把货物的所有权全部交给合作渠道商。而且，小米当时对渠道政策和合作渠道商的形象管控也缺乏妥善的管理手段。这就给线下渠道的失控埋下了隐患。

二是，小米当时启用了"小米小店"模式，让"米粉"去创业开门店，做小米在线下的渠道终端。这个想法看起来是领先于时代的，但在实际操作中效果很不佳。因为"米粉"普遍只有创业热情，缺乏零售的经验，也缺乏小米系统的有力支持。最终，只有少数"米粉"成为专业的渠道商，大多数人创业失败，导致"安阳模式"无以为继。

三是，小米公司对线下渠道的复杂环境缺乏充分的思想准备。小米之家与区域分公司、运营商渠道、重要客户渠道之间没有统一的政策，而是各自为战，常常出现好几个不同团队跟同一个渠道商对接，甚至出现利用管理漏洞套利的不良行为。就这样，冒进的"安阳模式"以失败告终。

3. 小米之家模式走向成熟

虽然2018年的"安阳模式"的失败，但小米印度团队在海外市场成功地创造出了"首选合作伙伴计划"模式。这种模式的思路是：把所在城市划分成若干网格，每个网格的手机主要销售街区只选一个认可小米模式的独家合作伙伴（即首选合作伙伴），合作伙伴的门店形象、销售政策都要严格按照小米团队的政策来执行。

2020年7月，小米认真总结了"安阳模式"的失败教训，并结合"首选合作伙伴计划"模式的成功经验，重新启动了线下渠道的改革，全面升级了小米之家的营销模式。小米高层决定走"开小米的品牌店"的道路，坚决向下沉市场进军，并做到数据的闭环。

小米放弃了层层分销、层层分利的线下组织结构模式，而是做全品类全店。为此，小米把原先的14种渠道合并简化成了三种体系：直营店、授权店、运营商渠道。为了简化组织管理架构，小米强化了各省份分公司的力量配置，明确由各省份分公司统一管理境内所有的渠道，并对该区域市场的最终结果负责。

在小米之家模式下，小米与渠道商是合伙人。小米重建的线下零售模式组织结构非常扁平，没有全国代理、省级代理等环节，在小米总部和用户之间只有一层零售商。而且在这个零售链条中，小米牢牢地掌握了零售门店的货品所有权，可以实时介入和管理整个零售环节。

由于货品所有权握在自己手中，小米有条件实施高度标准化、数字化的互联网式运营，融合了线上、线下资源，管理运营效率更高。随着小米之家模式走向成熟，小米建成了一整套包含全国零售店体系的连锁零售系统。高效的新零售渠道让小米的市场份额再次实现高速增长。

要点提炼·

（1）小米之家是小米公司官方直营零售体验店，也是公司与用户面对面互动的主要窗口。

（2）小米之家有两大基本功能：咨询服务与现场购服务。

（3）小米推广"安阳模式"失败的教训。

（4）小米之家模式与其他模式的本质区别在于：货物所有权在小米手中，公司可以实时介入和管理整个零售环节。

第2章

▼

爆品战略：公司做爆品，才能更好出圈

- ◆ 不是所有卖得好的产品都叫爆品
- ◆ 爆品就是要"便宜有好货"
- ◆ 持续迭代是爆品的核心竞争力
- ◆ 由一把手主持爆品工程
- ◆ 产品经理：让爆品落地的灵魂人物
- ◆ 营造利于研发爆品的创业氛围

不是所有卖得好的产品都叫爆品

2024年的电商618购物节，各大手机厂商都推出了自己的优惠促销活动。小米的营销策略是不做预售，直接全部现货。这极大地刺激了用户的消费欲望与购物体验，也让小米手机在促销活动中力压群雄。

根据5月23日京东618手机竞速排行榜发布的数据显示（见图2-1），小米在这一天成为京东手机竞速榜单品销量第一、国产手机销售额和累计销量的第一。

小米之所以能取得这个成绩，与众多机型的出色表现是分不开的。其中，

图2-1　2024年5月23日京东618手机竞速排行榜

Redmi K70取得了京东和天猫双平台2000档手机销量第一的成绩。除了其本身品质过硬之外，小米官方在618促销活动中直降200元，进一步提升了其本就很高的性价比。

小米13则蝉联3000元档销量第一的荣誉，小米14和小米13分别排在总销量榜单的第四名和第五名。除了iPhone之外，目前只有小米做到了维持两代旗舰产品的领先销量。这标志着小米在高端产品领域取得了成功。

在上述案例中，Redmi K70、小米13、小米14三款手机都是小米生产的"爆品"。自从"爆品"这个概念被小米提出后，受到了人们的普遍关注，到今天已经成为营销界的常用术语之一。从某种意义上说，持续打造爆品的核心竞争力是小米营销模式能够征战四方的最强武器。那么，究竟什么样的产品才称得上是"爆品"呢？

1. 什么是爆品

一般人认为，爆品就是卖得特别好的产品。这个看法比较片面。一款产品能否热卖，是由多种因素综合决定的。有些产品凭借强力营销也能做到销量的猛增，但若是产品本身的质量不过硬，那么产品很快就会因暴露短板而迅速归于沉寂。有些产品的工艺水平很高，性价比也高，但不匹配目标用户的需求，也就失去了成为爆品的机会。

按照雷军的定义，"（爆品就是）产品定义、性能、品质或价格与现有产品明显不同，大大超乎用户期望并引发口碑热烈传播和热销的现象级产品。"

在他看来，爆品具有四个特征：单款、精品、海量、长周期。也就是说，符合这四个指标的产品，才能称得上是爆品。

2. 爆品流量"四自法则"

任何现象级产品的诞生，都离不开口碑传播带来的流量。爆品的与众不同之处在于，它生来就自带流量。小米集团高雄勇总结了一个爆品流量的"四自法则"。

（1）自然流量。

自然流量就是用户主动搜索产品带来的流量。各大电商平台都有自己的"搜索指数"，搜索指数的高低在很大程度上可以反映产品销量的多少。因为搜索指数越高说明主动搜索某产品的用户越多。一款产品只有在搜索引擎、电商平台、社交平台、媒体上具备足够大的自然流量，才有成为爆款产品的潜力。

（2）自带热点。

当一款产品自带话题，上了社交平台热搜话题词条时，就有很大概率成为一款爆品。因为热点容易产生更多的自然流量，吸引无数目标用户去关注他们原先没留意的产品。从小米手机1开始，小米产品就经常上热搜，带来一个个热点话题（比如，后面章节讲到的雷军摔手机事件）。爆品自带热点，热点又可以拿来做话题营销，进一步扩大爆品的流量和销量。这就在营销上形成了一个正循环。

（3）自主购买。

那些只有在促销活动中才卖得好的产品，称不上是真正的爆品。爆品在平时的销量就超过了大多数同类产品，营销活动只是让它的销量锦上添花而已。因为真正的爆品不需要用花里胡哨的营销话术去诱导用户购买，而是用户一看到它就会动心，自主选择下单购买。

在智能电子产品领域，爆品的魅力往往在于高颜值的外观设计、高科技带来的优良性能，以及戳中用户痛点的贴心体验。这些优势只要拥有其中一个，就是一款不错的产品。但只有三者都具备，才能让用户一见倾心，自主购买。

（4）自我传播。

爆款产品能引发用户的自我传播。通俗来讲，就是大家买到好产品之后往往喜欢向别人炫耀或推荐。小米摸透了用户的这种心理，在策划产品的时候就会想办法制造一些引人注目的亮点，刺激用户进行自我传播，忍不住把产品信息分享出去。用户的自我传播会引来更多潜在用户的围观和点赞，从而让其中一部分人成为新增用户，继续在各种平台炫耀或推荐产品。这样，一轮又一轮的自我传播，叠加起来就是流量的大浪，进一步为爆品助力。

3. 打造爆品的四项关键能力

小米的爆品战略是可持续的，不是靠运气来的。小米研发团队之所以能长期打造新的爆品，是因为具备了四项关键能力。

（1）对未来的洞察力。

小米研发爆品的领域一直在不断扩大，从最初的智能手机单品扩展到了智能门锁、智能照明、智能洗衣机、扫地机器人等智能家居系列产品，靠的就是强大的洞察未来的能力。因为爆品瞄准的是明天的市场，是对用户需求的超前预判，代表着业内产品的先进潮流，能给用户带来全新的极致体验。假如公司对未来的市场形势、行业发展、用户需求变化没有洞悉和预判，那么小米是无法持续打造爆品的。

（2）对用户的洞察力。

你真的了解自己的目标用户吗？小米人是了解的，因为他们一直在跟用户交朋友，用最直接的方式与用户沟通，倾听他们的真实需求。有时候，用户的需求是模糊的，他们只有在麻烦摆在眼前时才能意识到痛点的存在；有时候，用户的需求是自相矛盾的，什么都要尽善尽美，但价格又不能贵。小米的爆品是追求极致的产品，却又不是盲目追求十全十美的产品。打造爆品的第一法则就是做减法，只专注解决用户最迫切的需求，至于其他需求，则按照主次矛盾进行取舍。这样才不会做出不切实际、浪费资源的产品。

（3）科技创新能力。

爆品不必十全十美，但必须有显著的创新。若是用户发现你的新产品从内到外都中规中矩，毫无新意，就不会产生超预期的体验，更不可能自主购买、自我传播了。当然，要想研发出具有创新性的爆品，离不开过硬的技术和供应链资源的支持。小米多年来不断重组优化技术团队和供应链资源，就是为了保持业内领先的科技创新能力。

（4）进入"小白模式"的能力。

这一点其实很不容易做到。小米要求研发团队做产品的时候，首先要进入"小白模式"。当你是经验丰富、知识储备深厚的专家时，你看问题自然跟那些对产品相关领域一无所知的"小白"大不相同。可是，用户却是专家少而"小白"多的。你要思考的用户真实需求和痛点，恰恰来自广大"小白"，而非少数跟你谈笑风生的"资深发烧友"。只有进入"小白模式"，你才能体会"小白"的烦恼，从而设计出让他们感到简单、好用的产品。那些得不到"小白"广泛认可的"好产品"，往往都是孤芳自赏、闭门造车之作，没有成为爆品的可能。

要点提炼·

（1）雷军定义的爆款产品的四个特征：单款、精品、海量、长周期。

（2）小米营销专家总结的爆品流量"四自法则"：自然流量、自带热点、自主购买、自我传播。

（3）打造爆品需要具备四项关键能力：对未来的洞察力、对用户的洞察力、科技创新能力、进入"小白模式"的能力。

爆品就是要"便宜有好货"

在2014年前后，北京的雾霾天气尚未得到大力整治，极大地影响了人们的日常生活。当时的消费者饱受雾霾之苦，市场对空气净化器的需求迅速增长。然而，那时候的市场供给严重不足。

当时市面上的空气净化器普遍价格较高。从外国进口的名牌售价少则5000元，多则近万元，作为耗材的滤芯也要花几千元来更换。而正规工厂生产的国产品牌空气净化器的售价也要2000～3000元起步。这令不少消费者望而生畏，不敢消费。

小米发现了这个市场痛点后，快速孵化了一家生态链公司，专门研发新型空气净化器。小米空气净化器着重解决消费者最迫切、最关心的需求，没有搞太多华而不实的功能，在设计和性能上也堪比5000元以上档次的进口品牌产品。但是它的售价仅为899元，性价比优势非常明显，而且生产供应充足。于是，小米凭借这款爆品一举占领了国产空气净化器领域的制高点。

小米爆品的一大特点就是性价比很高，在同档次的高端产品中往往是价格最实惠的，在同等价位的产品中保持着性能、外观设计等方面的领先优势。小米一直主张让用户能享受到"便宜有好货"的待遇。可是，要想打造"便宜的好货"——爆品并不容易。因为在产品研发领域存在一个"不可能三角"。

1. 做产品的"不可能三角"

按照用户的传统观念，"便宜"和"好"是一对矛盾体。许多用户信奉"一分价钱一分货"的理念，即认为档次越高的产品越贵。因为一件商品的价格包含了原材料、研发、设计、制造、人力、市场推广等成本。如果某件商品卖得非常便宜，就很可能是在原材料或者制造工艺上压缩了成本。这就是很多人所信奉的"便宜没好货"的逻辑。

雷军在创办小米公司之前深入研究过这个问题。他发现，中国制造业不缺能工巧匠，不缺生产能力，并非不能把产品做好。要知道，世界500强企业中有很多名牌产品，实际上都是中国代工生产的。

经过一番深思，雷军意识到"便宜没好货"的逻辑真正的核心问题是整个社会的商业运作效率低下。只要提升了效率，就能解决"便宜"与"好"的矛盾。于是他立志要创办一家推动商业世界效率革命的科技公司，做感动人心、价格厚道的好产品。

小米为了明确好产品的设计要求，构建了一个做产品的"不可能三角"模型。所谓"不可能三角"模型，就是指一个产品很难同时实现以下三个条件：

一是，产品能感动人心，给用户带来极致的体验。

二是，产品的价格极其厚道，让用户感到非常实惠。

三是，公司能凭借这种"感动人心、价格厚道"的产品获取不错的盈利。

要想让产品感动人心，就得精打细磨，成本不会太低。靠特价的促销活动可以暂时让好产品实现"价格厚道"，可如此一来，公司的盈利就会受到影响，不是长久之计。用户想要"感动人心、价格厚道"的产品，小米公司需要合理的利润来维持自身的健康发展。因此，在原有的商业运作模式下，这三个目标是无法同时实现的。然而，小米的目标就是解决"不可能三角"之间的矛盾，可是该怎么做呢？小米决定先从商品的定价模型入手，尝试寻找突破口。

2. 商品定价模型

通常，商品的定价受五个因素影响：

第一，制造和服务分摊成本。

第二，研发分摊成本。

第三，市场推广及广告分摊成本。

第四，销售及渠道分摊成本。

第五，利润。

上面提到的"分摊成本"跟"成本"不是一个概念。分摊成本的大小不等于成本的绝对值。分摊成本是反映商业效率的重要指标。简单来说，一件产品的研发成本是固定的，但卖出10万件产品的分摊成本和卖出100万件产品的分摊成本就相差甚远，只要产品的销量足够大，就可以把研发成本以及其他成本分摊得很低。这是破解"不可能三角"模型的钥匙，其关键就在于通过创新来提高效率。

创新是件非常花钱的事，其成果跟研发投入呈正相关，没有足够的投入是很难做出成果的。大公司对研发的投入是惊人的，所以才会形成雄厚的技术实力。但是，这并不意味着资金较少的小公司就不可为之。

其实，很多伟大的创新反而是由小公司做出来的。由此可见，创业公司只要拥有超前的市场意识、过硬的技术能力和优秀的研发人才，在关键领域做到高效的创新，就有可能打造出爆品，最终把研发成本分摊得可以忽略不计。可惜不少创业公司倒在了研发的途中，而小米就是从艰苦、激烈的创新之路中拼杀出来的幸存者。

小米不是靠降低研发投入来削减成本的，而是靠爆品模式的单款、海量、长周期的特性来分摊研发以及制造、服务的成本的。雷军据此总结了一个小米定价模型，小米所有商品的定价均由以下五个部分组成：

第一，爆品降低制造和服务成本。

第二，爆品降低研发分摊成本。

第三，新媒体营销降低市场成本。

第四，电商降低销售成本。

第五，小于5%的硬件净利润率。

由小米定价模型可以看出，小米模式的本质上是全面提高效率，把产品做得越来越好、越来越便宜，从而实现"感动人心，价格厚道"的产品研发目标。

3. 小米的"新铁人三项"

有些公司提高效率是通过压缩内部费用、压榨人力成本的方式。此举虽然能增加一点利润空间，但并不是一个能让公司长期健康发展的模式。小米提高效率靠的是优化模式，尽可能减少商业流通的中间环节，减少无谓的浪费，简化工作流程，也就是小米的"铁人三项"模式。

小米的"新铁人三项"包括三大模块：硬件、新零售、互联网。

先来看第一模块——硬件。要想打造爆品，就要选择合适的硬件。小米的第一个爆品是小米智能手机1。当时移动互联网的风口已经到来，智能手机是最有利于小米创业团队打开局面的硬件产品。如果选其他的硬件产品，成功率可能会低很多，公司成长速度也会慢很多。况且，在移动互联网时代，手机是硬件核心。小米搞定了智能手机之后，继而在此基础上对电视、路由器、智能家居等产品进行扩展。

"新铁人三项"的第二个模块是我们在上一章提到的新零售。新零售提升的是营销环节和服务环节的效率。简单来说，小米的新零售就是以最高效的方式，通过最短的营销链条，把产品直接交到最终用户的手上。小米最初是在自有电商渠道小米网上销售产品的，后来在各大电商平台上创建旗舰店，并且在线下开辟了小米之家等营销渠道。

硬件和新零售两个模块的重组，解决了"不可能三角"中的前两个问题，让公司能打造出"感动人心，价格厚道"的产品。至于确保公司增长合理利润的问题，小米的解决办法是引入第三个模块——互联网。

小米以互联网思维进行经营管理，通过高性价比的硬件吸引用户，并用包含大量线上服务的新零售体系来为用户提供各种增值服务。从根本上说，用户是把小米"新铁人三项"有机结合在一起的纽带。小米营销模式围绕用户形成商业闭环，从而确保了"铁人三项"的正常运行。

为此，小米开发了MIUI操作系统，借助小米社区的用户帮MIUI做口碑推广，将MIUI、小米社区和用户之间形成了一个闭环。小米还从智能手机开始，把用户引至小米商城，由小米商城向用户推荐更多小米生态链上的产品，这样，硬件产品、小米商城和用户之间又形成了一个闭环。

这两个闭环让小米"新铁人三项"形成了一个以用户为中心的增长飞轮，确保了公司能源源不断地推出新的爆品。

（1）小米模式的任务是把做产品的"不可能三角"变成可能。

（2）分析商品价格的构成，构建小米定价模型，找到解决"不可能三角"的突破口。

（3）创新成果与研发投入呈正相关，但小公司也可以通过爆品模式把研发、制造、服务成本分摊得很低。

（4）小米"新铁人三项"包括三大模块：硬件、新零售、互联网。小米用"新铁人三项"模式来解决做产品的"不可能三角"。

持续迭代是爆品的核心竞争力

很多公司的产品形态可能十几年甚至几十年都没什么变化。商家很少花心思为自己的产品升级迭代。小米的理念则不同,在产品设计上无限追求最优解,力求形成让竞争者望而却步的领先优势。比如,小米MIUI系统自带的计算器App,看似很不起眼,却也被小米升级迭代到了更高的水平。

常规的手机系统计算器,主要是日常的加减乘除功能再加上一些科学计算器的功能。但在小米研发人员看来,计算器App不只是一个纯数字计算工具,它应该成为一个基于数字计算和换算的互联网服务入口。

MIUI系统自带的计算器把相关功能划分为"计算""换算""税贷"三类。它可以一直跟踪、显示连续运算中的每个步骤,其中任何一个数字都能被调用复制或修改。这对用户复查和修改数字输入错误带来了极大的便利。而且MIUI计算器集成了各种汇率、度量衡的换算，个税与房贷的计算，甚至还有"亲戚称呼计算"，一种可以帮助用户过年走亲戚时避免叫错人的特殊功能。

MIUI计算器App的不断进化，是小米爆品升级迭代一个缩影。小米的爆品战略从来就不是靠一两款爆品走天下，而是通过持续升级迭代保持爆品的市场竞争力。当然，小米创业初期远远不像今天这样，其爆品战略也经历了一个从无到有、从单一爆品到爆品矩阵和爆品体系的过程。

对于那些想借鉴小米爆品战略的公司来说，刚起步时最好是先集中全部的精力和资源去做一款单品。

1. 爆品战略要从单品开始

爆品的一大特征是单品销量达到百万级甚至千万级。比如，小米扫地机器人的总销量在2018年1月底突破100万台，小米电视在2023年的年销量达到了770万台，市场份额占比更是达到了21.2%，排名国内第二。2024年初，科技市场分析机构Canalys发布了2023年全年全球智能手机市场报告，小米在2023年出货量达1.464亿台，稳居国产手机全球第一。

前面说过打造爆品的基本思路，即如果不投入足够的人力、物力、精力，是不可能打造出爆品的。小米早期的做法是全力做一款单品，力争找出产品各方面细节上的最优解，尽量让资源、流量、话题全部集中在这款单品上。互联网的聚集效应和放大效应，会让这款精打细磨的极致单品形成强大的口碑影响力。

小米营销主要采用电商模式，尤其是早期，几乎完全靠电商渠道出货。电商平台的产品排行榜暗合了强者越强、弱者越弱的马太效应：卖得好的产品排名就高，产品排名高就会在电商平台的首页获得最好的展示位，最好的展示位又会给产品带来更高的流量，更高的流量又将转化为产品销量，产品销量最终会继续提升或保持产品的高排名。

如果我们推出的是单款产品，那么流量就会全部集中在它身上。如果我们做的是一系列产品，就算每款都有不俗的销量成绩，也会分散流量，从而降低它们在电商领域的销量排名。所以，在公司发展初期，最好是先做好单一爆品，确保品牌的流量集中，更有利于产品的一炮走红。

2. 爆品需要持续迭代

无论你的上一款爆品有多么成功，都不可能一辈子靠它壮大你的公司。因为当代社会的生产力空前发达，能最大限度地满足用户日益挑剔的多样性需求。用户有条件随时获得更好的产品，从而使喜新厌旧的人性也被充分地释放。

这就导致现在的市场竞争非常激烈、残酷，各大商家都高度重视产品的迭代。逆水行舟，不进则退。你的爆品若是不升级迭代，一定会被竞争对手精心打造的爆品给取代，从而失去原有的市场份额。只有像软件迭代那样给爆品持续迭代，才能确保用户的使用体验和品牌忠诚度不会一落千丈。

需要注意的是，爆品的迭代不代表要把一切推倒重来。因为用户既希望能用上更新、更好的产品，也希望新产品符合自己熟悉的习惯，能够轻松上手。爆品若是一味地追求新颖，完全舍弃原有的功能和基本设计风格，反而不利于维护品牌的特色。

所以，我们在做爆品迭代的时候，最好能保持80%左右的原有功能，同时推出20%左右的新功能。产品的每一次迭代增加一点新东西，不要一股脑儿地全部翻新。这样的升级迭代方式，既能满足用户"喜新厌旧"的心理，又能让他们保留对"老朋友"的熟悉感和亲切感。爆品更新一代，用户就再购买一代。用户一直追着迭代产品跑，用户留存率也能有效地提升，销售额就可以相应增加了。

3. 新时代爆品战略的三个阶段

随着小米的产品线越来越多，一个新的问题来了——爆品只能是孤立存在的单款产品吗？小米通过总结多年经验，把新时代爆品战略划分为三个阶段：

第一阶段，按照原先的爆品方法论，打造极致的单品。当单品的市场份额达到了行业主流同类单品的下限时，就可以追加研发投入，进入下一个阶段。

第二阶段，以上一个阶段的爆品为基础，有节制地研发多款爆品，形成一个简单的爆品矩阵，以争取覆盖更多的目标用户，力争拿到品类销售额前三的成绩。在此期间，小米团队要关注简单的爆品矩阵的市场口碑反馈，评估国内外市场的潜力容量。如果能达成目标，就追加研发投入，进入下一阶段。

第三阶段，在前两个阶段的基础上，调整产品结构，完善覆盖的消费群体结构，形成更强的爆品矩阵，并争取获得在行业内定义产品标准的能力。

除了单一爆品之外，小米还将尝试在爆品矩阵的打造体系化爆品，用爆品体系来强化品牌对用户的吸引力，持续保持强大的市场领先优势。

要点提炼·

（1）爆品更讲究单品销量，因为这样更有利于集中资源、流量、话题，形成强大的口碑吸引力，口碑传播的效果更好。

（2）用迭代的方式来做爆品，才能形成持续的核心竞争力。

（3）小米的新时代爆品战略划分为三个不同的阶段，第三阶段致力于打造爆品矩阵和爆品体系。

由一把手主持爆品工程

小米手机1虽然成了一款爆品，但雷军心里很清楚，这款手机还有不少缺憾。有些网友吐槽小米手机1的外观设计不够好看，而且小米手机1的厚度是12毫米，所以新产品需要做得更轻、更薄一些。

当时，小米的设计部门和硬件部门常为研发新产品而激烈争吵。因为硬件部门能提供的材料受到供应链的限制，没给设计部门留下充分的设计余地。雷军意识到，如果作为一把手不能协调好工作中的纠纷，那么第二代小米手机是不可能做到极致的。他在深入思考了手机外观设计和两部门的意见之后，决定亲自解决两个部门之间的矛盾。

雷军亲自参与了小米手机2的研发，对手机的外观设计、手机的厚度及形状等细节提出了很多意见。他花了很大精力来解决两个团队之间的矛盾，最终形成了一个利于各部门协作的沟通机制。此后雷军经常亲自参与新产品的研发工作，确保小米爆品能顺利迭代。

自从雷军的小米爆品战略成功之后，不少传统企业也想通过互联网转型，像小米一样不断推出爆品，却总是找不到合适的转型办法。这些企业的误区在于，把打造爆品当成了产品研发设计部门的任务，而没有将其上升到战略层面。

爆品战略不仅跟产品的研发设计、制造工艺有关，还涉及公司的资源分配、营销策略。公司资源如果不向爆品倾斜，而是平摊给所有的产品线，那么研发爆品的财力和物力是肯定不充足的，根本无法把产品做到极致。没做到极致的产品是不可能成为爆品的。

打造爆品不该只是公司产品研发设计团队的职责，而应该成为整个公司的战略。公司不仅要在政策上重点支持爆品，还要将各种资源优先配置给爆品团队，这样才能全力保障研发工作的顺利进行。

显然，这不是产品部门能单独做主的事情，涉及多个部门的分工与协作。如果公司的组织架构和管理机制不利于打造爆品，就必须进行相应的改革。首先，必须让公司全体成员明确一点——爆品是一把手工程。

1. 一把手该为爆品做什么

不重视爆品的CEO（首席执行官）不是好CEO。作为公司的一把手，CEO要总领全局。产品研发、组织运营、营销推广、财务管理、人才梯队建设、公司形象宣传、企业文化建设等业务工作，它们一头连着分管具体事务的职能部门，一头连着操盘公司大局的CEO。爆品是决定公司命运的战略工程，CEO完全有权利也有义务去管，具有不可推卸的责任。

问题不是一把手该不该管爆品，而是一把手应该怎样组织管理爆品工程。也许有人说，让CTO（首席技术官）或者该款产品研发团队的负责人或者一位产品经理来主持工作，CEO不必亲自主持工作，只要听一听报告、签一签文件就行了。这个观点看似很合理，但只适合研发普通的产品，而不足以打造爆品。

小米内部经常说，老板是企业最大的产品经理。因为公司所有的产品都要经过雷军审核同意，甚至很多产品就是雷军亲自主抓，反复打磨细节才通过的。比如，小米手机、小米插线板、小米充电宝、小米手环等早期爆品，都有雷军的深度参与。每一款产品只有在每一个细节上都达到雷军满意的程度才能上市。

随着小米本部及生态链企业的不断发展，小米产品的种类越来越庞大。雷军作为一把手也不可能事无巨细地管所有事情。但是，他依然会花大量时间聚焦在公司的爆品上，对产品质量和细节严格要求。比如，雷军对小米手环3的外包装感到不满意，就直接让设计师搬到他办公室旁边，这样可以方便双方经常抽时间沟通。最终，花了足足三个多月的时间，设计师才做出令他满意的效果。

可能有些人会觉得雷军管得太细，不利于发挥产品经理、工程师、设计师的积极性。其实，换个角度来看，做爆品恰恰需要站在一把手的高度，才能更好地把握瞬息万变的市场潮流，从而在激烈的竞争中保持领先优势。

因为产品研发部门团队可能一两年都在专注于研发一款产品，力争产品早一天上市，因此他们对业内科技发展形势、同行竞品状况、用户需求的新变化未必有全面的了解。这就可能导致新产品让研发团队感到很自豪，但用户不一定觉得它能像过去的爆品那样给自己带来惊喜。如此一来，大家耗尽心血打造的爆品很可能沦为用户眼中没有性价比的平庸产品。为了不让大家的努力白费，一把手必须对每一个爆品工程有所把控。

2. 做爆品不需要面面俱到

尽管小米一把手雷军对爆品的细节要求很高，但做爆品并不需要面面俱到。因为那样会极大地增加研发成本，与爆品战略追求的高效率背道而驰。

设计爆品"聪明键"的高雄勇是小米爆品战略的亲历者。作为小米电视前副总裁、小米集团参谋部前高级参谋，高雄勇分享了一个重要经验："我们做产品经常犯的错误就是：在做一个产品时，总是有很远大的理想，希望每个人都喜欢，希望所有的功能都完备。其实做爆品的思维不是这样的。想让每个人喜欢，最终的结果往往是没人会喜欢；想让所有功能都完备，最终用户却不会选择这个产品。其实做产品只要把用户最关心的一个问题解决了，用户就会喜欢，不需要面面俱到。"

由此可见，小米做爆品的思路是极致和专注。专注于解决用户最关心的那个问题，通过寻找最优解来解决问题，把产品做到极致。这种抓主要矛盾的策略，能避免爆品研发者犯"只见树木，不见森林"的错误，在不必要的细节上不浪费过多精力和资源。而且主持爆品工程的一把手只需要把控最核心的产品要点即可，不至于因为反复沟通产品细节而荒废公司全盘管理的工作。

总之，一家公司只有把打造爆品上升到战略层面，才能真正产生爆品，从而真正为公司带来持续的效益。

要点提炼·

（1）不重视爆品的CEO，不是好的CEO，小米的做法是由一把手主持爆品工程。

（2）做爆品不能只站在产品经理的角度思考，而是要站在公司品牌整体战略的高度来思考。

（3）爆品思维追求把产品做到极致，但不要求产品面面俱到，只需要把用户最关心的问题解决即可。

产品经理：让爆品落地的灵魂人物

　　小米的MIUI系统是按每周发布、每天发版的节奏来研发的。为了实现这个目标，产品经理、工程师和设计师经常聚在一起工作，不断发布一个个产品的新功能。按照工作流程，一般是由产品经理设计出原型交互图，然后由系统工程师来具体落实设计方案。由于产品经理和工程师的思维方式不同，他们之间经常出现矛盾。

　　很多时候，产品经理觉得自己想出了一个很好的设计点子，却遭到工程师的否决。因为工程师觉得自己是动手做产品的人，比这些只会"纸上谈兵"的产品经理更懂产品。而产品经理觉得自己离用户最近，最懂用户真正需要什么样的产品。于是，小米的产品经理和工程师经常在每周二的发版会上激烈争吵，彼此都为自己坚持的产品功能据理力争，批评对方的想法很糟糕。

　　在这个热火朝天的研发氛围下，用户的反馈意见转化为产品经理的灵感，而产品经理的灵感通过工程师变成了广受用户好评的新功能。MIUI系统变得越来越便捷、好用，逐渐成为安卓系统中最开放的手机操作系统。

从上述案例中，我们可以对小米产品经理的日常工作内容知之一二。在小米公司，一把手是爆品战略的主持者，但爆品项目的具体负责人依然是产品经理。

产品经理全程负责爆品的研发工作，决定产品的每一个细节。他们不仅要经常收集用户的反馈意见，还要跟工程师、设计师一起研发和生产出产品的样品，并力争让总裁雷军能认可自己的劳动成果。如果离开了产品经理的辛苦付出，那么小米爆品战略可能就只是一个无法落地的美好蓝图。

那么，什么样的人才称得上是优秀的产品经理呢？用行业资深产品经理的实践经验来概括，就是：激情、虚心、坚持。

1. 激情：相信自己的产品永远是最好的

优秀的产品经理往往是充满工作激情的。他们聊到自己的产品时会非常兴奋，滔滔不绝地讲述产品的各种优势，仿佛父母在炫耀自己的孩子有多么优秀。他们看到其他产品时，也会忍不住去观察细节，思考一下某个设计是否合理，以及是否让用户感到舒服等。

惯于做爆品的小米产品经理对产品细节的坚持都极其彻底，会挑设计方案的各种不足或毛病，总觉得它们不符合自己的好想法，进而无法说服老板、超越同行、打动用户。

产品经理不仅要对产品负责，还需要协调各部门一起把产品做出来。假如产品经理没有激情，没有力排众议的魄力，是无法说服团队成员完成梦想的。

2. 虚心：切换到"小白用户"的脑子

虚心地做产品，其实就是我们在前面提到的进入"小白模式"。

产品经理是一个容易产生骄傲心理的岗位。特别是你跟团队其他成员成功打造过几款爆品后，很容易认为自己的某个创新是天才构想，足以在整个行业引发重大变革。骄傲是产品经理的天敌。每一位产品经理都要牢牢记住一点：所有的产品创新都是为了帮用户解决问题的，而不是用来满足你的成就感和虚荣心的。

一个真正优秀的产品经理必须学会一点，那就是如果用户抱怨你的产品，那么你应该学会向用户"认怂"。因为用户的感受在绝大多数情况下是对的。产品经理还应该做到在最短的时间内切换成"小白用户"的思维方式。

"小白用户"其实就是不用脑子思考的用户。人的本性是懒惰的，不愿意主动思考，能不动脑就不动脑，最好能直接知道答案。小米做出来的爆品往往有个特点：用户买回来就能用，不需要思考太多就会用。如果你设计的某款产品符合这一点，就具备了成功的基本要素。

怎样把自己从产品专家的思维快速切换到"小白用户"的思维呢？小米产品经理采用的办法是高雄勇提出的三信条：

第一条：用户永远是对的。

第二条：用户错了，也是对的。

第三条：回到第一条。

信条浅显易懂，却不容易操作。因为很多产品经理总是喜欢站在自己的立场去替用户做决定，这其实是大忌。

也许有人会有疑惑，前面说产品经理应该相信自己的产品永远是最好的，要力排众议地实现自己的想法，怎么到这里又要唯用户马首是瞻了呢？

其实两者并不矛盾。产品经理固执地坚持自己的想法，本质上还是在替用户着想。他们的每一个设计意见，都是针对用户痛点而思考，为解决用户痛点而固执到底的。一切都是以用户为中心，即回到第一条，用户永远是对的。

产品经理要对用户的意见或建议保持虚心，要去迎合用户，挖掘用户的使用习惯，再因势利导地打磨产品。永远不要试图去教育用户，因为用户永远比产品经理更清楚他们设计的产品用着舒不舒服。

3. 坚持：意志要坚韧，态度要坚定

产品经理的压力很大，需要健康的身体和良好的抗压能力。更重要的是，产品经理要有坚持到底的耐心与恒心。也就是说，意志要坚韧，态度要坚定。

正如前面的案例所说，产品经理看问题的角度，往往是跟其他团队成员不同的，必然会遭遇各种疑问和挑战。有的产品经理性格偏软，听到工程师说制造工艺很难实现就让步了，看到设计师跟自己的想法相左时就妥协了，领导说不喜欢某个方案时也不敢再坚持一下。这样妥协之后，最终出来的产品反而谁都不满意。

产品设计风格、核心功能、用户痛点，是产品经理三个绝不能妥协的点。所以，每次小米研发爆品时，大家都会为自己的意见据理力争。当然，产品经理既不能刚愎自用，又不能缺乏坚持到底的决心。应该坚持去跟每一个团队成员、每一个相关部门、甚至是上级领导反复沟通，耐心说服对方。就算产品经理最终放弃了自己的意见，采纳对方的提议，也应该是发自内心地被更好的方案折服了，而不是违心地选择妥协。

一款产品要想成为爆品，少不了要不断试错及不断改错。绝大多数产品经理都是普通人，不是每一次都比他人见解高明的天才。但是，只要产品经理保持自信、谦虚、坚持的品质，敢于试错，不停地改错，不断地学习，迟早会从庸庸碌碌的普通人成长为优秀的爆品工程灵魂人物。

（1）虽然小米的爆品工程由一把手主持，但产品经理实际对爆品研发工作全程负责，更决定产品的每一个细节。

（2）小米认为产品经理应当具备三项基本素质：充满激情地研发产品，虚心地回到"小白用户"的状态去思考，坚持自己不能妥协的点。

（3）骄傲是产品经理的天敌，如果用户抱怨你的产品，你应该学会向用户"认怂"。因为用户的感受在绝大多数情况下是对的。

营造利于研发爆品的创业氛围

案例回顾

小米的爆品战略也遭遇过滑铁卢。2015年1月发布的小米Note系列手机是雷军亲自参与研发与设计的产品。他评价这是小米前5年做得最漂亮的产品之一，对其寄予厚望。然而，由于宏观形势与手机行业的变化，这两款Note系列手机没能重现昔日的辉煌。

小米前几款爆款手机是1999元的价位。但随着物价的上涨，手机制造的成本也上涨，越来越难以在盈利的前提下维持"超级性价比"。同时，小米的第一代核心用户的需求也升级了，他们希望小米能推出一款性能、设计、工艺都全面升级的旗舰手机，哪怕涨到3000元也可以。

小米Note把手机厚度降到了6.9毫米，率先使用了双曲面玻璃。但设计上的优点无法掩盖技术瓶颈造成的麻烦。小米Note标配版由于种种原因没有升级手机芯片，而顶配版用的升级版芯片却让手机使用时会发热，直接影响了手机性能。最终，售价2999元的小米Note顶配版不得不降价1000元清仓，最终没能完成占领3000元档位中高端市场的目标。

小米Note手机降价清仓的遭遇表明，市场上没有常胜将军。即使你有出色的技术研发能力和敏锐的市场洞察力，你依然有可能打造出一款费力不讨好的产品。科技公司研发新产品投入的资源和心血都是惊人的，一旦失败就会给公司造成不小的打击。然而，公司如果不敢大胆地研究创新，就更不可能凭借爆品出圈了。

爆品战略不可能次次都成功，失败不可怕，可怕的是输不起。失败只会让小米越挫越勇，奋起直追。其实，只要成功比失败多，公司就能健康发展。小米有足够的管理智慧来做到这一点——为爆品战略打造容错机制。

1. 爆品战略需要一个容错机制

爆品战略的高回报往往伴随着高风险。在做出爆品之前，研发团队要面临种种困难与挑战，其中的很多变数是难以预料的。这就使得研发爆品是一个不断试错、不断失败的过程。特别是到研发的冲刺阶段，大家就会像爬坡一样越来越吃力，犯错和失败的概率也会增加。

假如公司的氛围很严苛，创新的人只要犯了一两次错就被打入"冷宫"，那么谁还有胆量赌上自己的前途去创新呢？大家只会认为做得多就会错得多，不做就不会错。最终，公司内部人人都怕犯错，研发风气越来越畏手畏脚，以至于最终没人敢打造爆品了。失去创新能力的科技公司注定会被那些保持创新能力的竞争对手淘汰。

小米的价值观是鼓励创新，有错就改，容忍失败。这种企业文化对营造良好的创业氛围至关重要。小米的容错机制给了研发团队充分的试错余地，创新者经得起失败，并且能在公司的支持下重振旗鼓。那些得到容错机制保护的产品研发人才，始终保持着勇于创新、勇于冒险的好品质，在试错中不断成长，最终找到那条正确的道路，为公司增添一款又一款新的爆品。

2. 构筑爆品研发能力的三个支撑点

在容错机制的作用下，要想提高研发爆品的效率，还得为产品研发工作注入强大的实力。小米提倡"杀鸡用牛刀"，从三个方面集中最好的力量，为爆品战略构筑了三个支撑点。这三个支撑点分别是：找到厉害的人组建研发团队，与全球领先的供应商合作，选择好的渠道。

那么，什么样的人是厉害的人呢？简单来说，就是找到相关领域名列前茅的优秀人才。虽然大多数领域没有"英雄榜"，但是业内人士对那些厉害人才的水平是心里有数的。厉害的人能以一当十，甚至以一敌百。他们不仅在技术专长方面出类拔萃，而且跟其他领域的人才可以强强联合，碰撞出最耀眼的火花。小米非常重视人才，总是不遗余力地把各种厉害的人聚集到一起工作。大家相互尊重，惺惺相惜，彼此信任，为爆品战略提供了最顶尖的智力支持。

与全球领先的供应商合作，是小米一贯坚持的战略原则。在这个强调资源协作的时代，小米与全球领先的供应商合作，不仅能保证产品的质量，还能让小米及时了解产业的发展方向和趋势，帮助小米一起成长。一个产业的整体效率提升的过程，其实就是一个品牌厂商与供应链互相促进、共同成长的过程。厉害的人负责设计极致的爆品，全球领先的供应商则确保爆品的制造工艺与品质达到最优解，这样爆品战略就不至于只是纸上谈兵。

商界经常强调渠道为王，一条好的渠道能让产品的影响力无限放大。这一点对爆品营销至关重要。通常，用户总是通过自己习惯的渠道购买产品，这种习惯很难改变。如果你的产品没有出现在目标用户熟悉的渠道，就可能让他们与一款高品质、高性价比、高颜值的好产品失之交臂。小米最初是第一家在线上渠道销售手机的科技公司。但是，随着竞争对手在线下渠道的崛起，小米开辟了以小米之家为核心的线下销售渠道，在线下市场中扭转了不利局面，扩展了爆品的目标用户群体。

有了厉害的研发团队、全球领先的供应商、好的渠道这三个支撑点，小米的爆品战略就能长期保持高效地工作，对竞争对手形成降维攻击，保持公司在技术创新方面的领先优势。

要点提炼·

（1）研发爆品的风险很高，所以企业应当有一套容错机制，鼓励勇于创新的人才大胆试错。

（2）打造爆品应该从厉害的研发团队、全球领先的供应商、最适合自己的渠道三个方面下足功夫，这样才能对市场中的对手形成降维攻击，取得令人惊叹的成绩。

第3章
▼

打磨产品：科技要有
慰藉人心的力量

- ◆ 用数据发现潜在的爆款产品
- ◆ 你的产品是为谁设计的
- ◆ 找出让用户尖叫的产品引爆点
- ◆ 让产品脱颖而出的"三高"定律
- ◆ 品控与成本决定公司能走多远
- ◆ 产品研发的"三新"原则
- ◆ 如何取舍大众产品和小众产品

用数据发现潜在的爆款产品

2013年前后，智能手环开始在市场上兴起。当时，这个行业还处于起步阶段，竞争者数量不少。小米分析了市场数据后，发现了国产智能手环的三个痛点：一是续航时间太短，只有5~7天；二是缺乏防水功能，用户在洗手的时候很容易不小心损坏设备；三是价格明显偏高。

小米决定向国内智能手环市场进军。初代小米手环产品的指导思路，就是解决这三个最主要的用户痛点。经过市场调研，小米产品研发团队发现市面上智能手环的大多数功能很少真正被用到。一味追求过多的功能，无疑会导致产品成本的增加，同时也让用户的体验不好。

于是，初代小米手环大胆减少了不必要的功能，只保留了计步、来电提醒、睡眠监测等核心功能，并尽力解决了智能手环的续航时间短的问题，选择亲肤材料来制作产品，还贴心地设计了用手机给手环自动解锁的功能。初代小米手环上市后果然成了爆品，在短短两年内就卖出了2000万只，并使得智能手环从小众市场走向了大众市场。

其实，每个公司都希望自己的产品能成为爆品，像小米手环一样热卖。然而，怎样做才能像小米那样超前预判市场发展的潮流，发现潜在的爆品机遇呢？

有的公司靠CEO或者产品经理的经验和直觉，他们感觉哪些产品会火就做哪些产品，结果就是大起大落，成功率不高；有的公司靠开会集思广益，让各部门负责人探讨出一个方案，结果各部门各执己见，谁也说服不了谁；有的公司靠模仿竞争对手，即见别人做什么产品，自己就跟风做什么产品，结果落得个"东施效颦"的下场。

小米的思路其实很简单，用户喜欢的产品就是潜在的爆品。怎样才能知道用户喜欢什么样的产品呢？又该如何判断某款产品确实能在市场上大火呢？最简单的办法就是利用大数据工具来辅助我们决策。

1. 用大数据找潜在爆品

随着中国互联网的发展，特别是电商平台的壮大，市场积累了大量的消费数据。这些数据都是用户浏览和点击网页形成的，不仅信息量巨大，数据内容还非常全面。如果能想办法获取这些数据，根据公司需要来分类整理数据，从中分析挖掘出关于用户需求的重要信息，就能做到可靠而快速地决策。

用大数据的办法来寻找潜在爆品，有五个明显的好处：

（1）信息的全面性。

大数据工具获取信息（特别是外部信息）的效率极高，可以让决策者获得足够多的外部信息。这些信息超出了CEO、产品经理和各部门的单个视角，能充分反映行业形势的动态，并且比较客观和透明，足以避免个人经验的狭隘性和主观性。

（2）提高决策效率和科学性。

如今的商业环境非常复杂，对决策的专业性要求越来越高。CEO不可能在任何领域都是专家。特别是科技公司，做产品需要懂用户、懂互联网、懂新零售。即使CEO像小米总裁雷军那样精通这些知识，也很难有足够的时间和精力亲自研究每一个市场、每一款新产品。

大数据工具能全面、直观地展示数据分析结果，可以把CEO从繁琐、枯燥的市场调研工作中解放出来，让更多人参与决策，确保决策的效率和科学性。

（3）提高执行力。

大数据工具能把数据和决策结果同步共享给所有的执行者，避免了公司层层汇报造成的低效率和信息不对称。大家依靠一致的信息进行分工协作，能极大地减少因为沟通问题而造成的失误，每个人都清楚地知道自己要做什么时，执行效率才会显著地提升。

（4）可以指导创新。

大家把不同维度的数据放在一起进行对比、分析以后，往往彼此会发现以前没有注意到的问题，慢慢地思路就打开了，继而创新的灵感也跟着来了。研究表明，现在90%的创新都是在大数据刺激下产生的。因此，要想捕捉新的商机，就得用好大数据。

（5）利于快速试错和改错。

创新是一个不断试错的过程。大数据能在短时间内收集庞大的反馈数据，客观地告诉我们哪里做对了，哪里做错了。这将极大地加快企业对市场反馈的响应速度，通过快速试错和改错，最大限度地减少企业的损失，从而更快地找到正确的道路。

2. 如何通过数据挖掘市场机遇

大数据分析的第一步是采集数据。当年，小米为了进军空调行业，从行业咨询机构拿到了近10年的数据，又设法获取了各大电视平台的空调数据及空调核心元器件的各种数据。同时，小米还邀请业内专家进行了大量调研，组织了多场座谈会、研讨会。小米在打造新爆品之前，都会像这样采集尽可能全面的数据。

可以说，无论是做什么产品，都可以从以下方面进行数据分析：

（1）该产品的市场空间有多大，整体走势如何？

（2）该产品的主要厂商是哪几家，其线上、线下的市场份额如何？

（3）该产品的技术有哪些变化，接下来还会面临哪些变化？

（4）用户购买该产品时最关注哪几个方面，这些方面的用户满意度如何？

（5）该产品的核心技术指标是哪些，变化趋势如何？

（6）用户习惯通过什么渠道买该产品，这些渠道在过去几年中有没有发生变化？

（7）用户愿意花多少钱买该产品，愿意为产品的哪些功能花钱？

（8）该产品所在的市场前10名品牌的市场占比分别是多少，它们过去有没有爆品？

（9）哪些人在买该产品，他们在新增市场和旧产品置换市场占比是多大？

（10）用户买该产品的时候，各品牌的溢价是多少？

（11）各大商家的明星产品综合情况如何？

（12）我方研发新产品的技术可行性如何？

（13）我方是否具备可靠的供应链来支持新产品的研发和营销？

把这些数据整理分析完毕后，整个相关领域市场的情况就基本清楚了，这样对于产品是否具有爆品潜力就也不难得出结论了。

要点提炼·

（1）个人经验和直觉是不可靠的，而传统的产品研发决策机制存在效率低、反应慢、主观性等问题。

（2）以大数据为依据的新型决策方式具备一定的优势。

（3）通过数据挖掘市场机遇时需要掌握多种类型的数据。

你的产品是为谁设计的

小米生态链的产品虽然多达数百款，但在设计理念上是一脉相承的。小米的产品设计理念不仅追求外观造型的漂亮，还要用具备创新性的设计来强化产品功能，满足用户的需求。在小米内部，这种思路叫作"设计驱动产品"。

米家LED智能台灯就是一款因设计出众而成为爆款的产品。米家LED智能台灯采用了被设计界命名为"Mi-Look"的暖白色。这种颜色能给用户带来很好的用户体验。这款台灯的设计极为简洁，可以总结为"五个一"：一个底座、一个按钮、一根红线、一根灯臂、一根立杆。与当时市场上的其他LED灯相比，米家LED智能台灯的造型与众不同，一下子就吸引住了用户的注意力。

2017年3月10日，2017德国IF设计大奖颁奖典礼在德国慕尼黑举行。该奖项是IF设计奖的最高级别奖项，被誉为"产品设计界的奥斯卡奖"。2017年，米家LED智能台灯凭借独具匠心的设计荣获了IF设计金奖。

小米的产品设计之所以能获得成功，是因为采用了号称互联网上最好的产品开发模式——用户模式。在小米人看来，在面向消费终端的行业中，用户模式大于一切工程模式。

从研发初版MIUI系统开始，小米就让MIUI团队在论坛与用户进行零距离接触，让用户深入参与到产品研发的过程中。小米每周按时发布系统的更新功能，然后通过使用过后的四格体验报告来收集用户的反馈意见，改进用户认为不好的设计，保留用户喜欢的新功能。

在这种模式下，用户不仅使用产品，还能参与改进产品，可以说"人人都是产品经理"。这无疑对正牌产品经理或设计师的产品设计能力提出了更高的要求。为了得到"米粉"的认可，小米在设计产品时必须把用户体验做到极致。

1. 用户体验三要素

用户体验是用户在使用产品过程中产生的一种纯主观的感受，其中最主要的是产品给用户的感受。小米用更通俗的话概括了用户体验的三要素：确定产品为谁设计、产品好用、产品好看。其中"为谁设计"是产品研发的起点，也是改善用户体验的起点。

"你的产品是为谁设计的？"不少人觉得这是一句废话，谁都知道产品是为用户设计的。可是，不同用户群体的需求存在天渊之别。如果你没有明确产品具体为哪一类用户设计，你就无法正确地理解什么样的产品对该用户群体好用，什么样的设计符合他们的审美。比如，你要做一款老人机，就不能按照青少年的使用习惯和审美来设计。

定义产品为谁设计是产品经理、设计主管、CEO都该心中有数的事情。小米的传统是一把手主持爆品工程，雷军会亲自定义产品为谁设计。至于那些没有这种传统的公司，应该由设计师来思考这个问题。

在明确产品针对的用户群体后，设计师要围绕该群体的需求，在产品好用和产品好看两个方面做到极致。需要注意的是，产品好用永远是第一位的，因为中看不中用的产品不会成为爆品。但好用不好看的产品只是凡品，同样不会形成好的口碑，更无法跻身爆品行列。

小米的产品设计原则是"保证好用，努力好看"。万一二者存在冲突的话，好用的价值大于好看的价值。比如，小米产品研发团队曾经关闭某些视觉体验不好的功能，可后来通过反馈意见得知，用户其实很喜欢这些功能，并不在意它们会否让界面显得繁杂，于是小米团队又把这些功能重新加了回来。

好看的外观设计一直是小米产品的追求。前面提到的米家LED智能台灯就是一个很好的例子。它能勇夺德国IF设计大赛金奖，靠的就是简洁优雅、个性十足的设计。

改善用户体验是设计师义不容辞的责任，但是用户的需求往往是多样化且很难满足的。而且用户规模越大、构成越复杂，用户需求就会变得越众口难调。因此，我们在研发、设计产品时，要围绕用户体验三要素来做取舍，决定哪些功能要做，哪些功能不做。

2. 碎片化需求的解决方案

以用户为中心的产品开发模式，使得小米MIUI团队每天能在论坛中收到10多万个用户提交的需求。面对海量的用户需求信息，应该怎样定义轻重缓急，按优先级做出取舍呢？

小米的策略是把产品需求分为长期需求、中期需求和短期需求。对于产品的长期需求，由公司一把手每隔一两个月跟研发团队来沟通并确定。对于产品的中期需求和短期需求，则从用户提出的海量的碎片化需求信息中产生。当某种碎片化需求积累到足够多时，又会反过来催生新的长期需求。

为了找到真正有价值的努力方向，小米产品团队用三个办法来处理碎片化的需求：

（1）优先处理浮出水面的需求。

在无数用户提交的帖子中，有些热度高，有些热度低。小米研发团队每周查看热度靠前的帖子，就会发现哪些功能开发需求更为紧急。这些从海量的碎片化需求信息中浮出水面的需求信息，应该优先处理，其他的可以暂时放一放，直到它们变成下一个"浮出水面的需求信息"。

（2）第一时间公示需求改进计划。

小米设置了"橙色星期五"的每周更新，论坛会发布完整的更新公告帖，列举本周更新了哪些功能，哪些是推荐的。小米团队同时还会以投票的方式确定单点的需求，并把投票结果公示在论坛上。团队会定期发布说明，公示未来一个月的需求改进（功能更新）计划。

（3）以"碎片化"组织对接碎片化需求信息。

为了提高效率，小米把研发团队化整为零，以"碎片化"组织对接用户的碎片化需求信息。具体就是由2～3人组成一个小组，长期负责改进某一个功能模块。功能研发小组有一定的自主权，可以在跟用户交流中自主定义开发30%的模块。有时候，小组根据用户开发的功能未必是大众急需的功能。但是，由于整个项目是每周更新的，迭代速度很快，这次被多数用户评价不佳的方案，过两周就可以得到纠正。

要点提炼·

（1）在小米看来，用户模式是互联网上最好的产品开发模式。

（2）产品为谁设计、产品好用、产品好看是用户体验的三要素。"产品为谁设计"是产品研发的起点，也是改善用户体验的起点。

（3）面对用户提出的碎片化产品需求信息，应该优先处理那些浮出水面的需求信息。

（4）产品团队应该处理好碎片化需求。

找出让用户尖叫的产品引爆点

　　小米的理念是要做"让用户尖叫的产品"，并由用户来推动产品的研发、设计、推广。所以，雷军希望MIUI系统能成为手机操作系统中的维基百科，人人都能参与研发，用口碑传播来推广产品。同为小米创始人的中国第一代UI设计师黎万强成了这个宏伟构想的"拓荒者"。他主持设计MIUI时有个大胆的想法——打造一个10万人的互联网开发团队，其中大部分成员是用户。

　　为此，黎万强从全球不同的手机论坛拉来了一个个顶尖手机玩家，这就是MIUI论坛的第一批核心用户，为改进MIUI系统提出了许多宝贵的意见。每个小米员工都有一个MIUI论坛账号。无论产品经理、工程师、设计师还是总裁雷军都必须经常登录论坛，同用户交流产品使用体验，搞清楚用户希望系统和界面改进哪些细节。这使得小米总能找到让用户尖叫的产品引爆点，不断打造持续迭代的新爆品。

小米定义的产品引爆点就是最令用户惊喜的那个亮点，又称为用户的"尖叫时刻"。如果一款产品设计精美、制作精良却没有成为爆品，它最大的问题往往在于没有找到用户的"尖叫时刻"。

那么，企业该怎样找到产品的引爆点呢？小米总结了一个"爆点三步走"方法论：

挖掘用户痛点→解决用户痛点→超出用户预期。

1. 挖掘用户痛点

所谓的用户痛点，就是找到用户使用产品的尴尬点。发现用户的痛点其实并不难，只要你认真观察生活和用户，就会发现产品的痛点其实无处不在。不信请看下面的生活片段，至少有一样是你曾经遇到过的。

- 遥控器的键太多，操作起来很麻烦。
- 刮胡子刮破脸。
- 手机一到山区就没有信号。
- 带着手机上厕所，提裤子时得先把手机揣在兜里，或者放在地板上。
- 智能设备的电量总是不够用。
- 喜欢拍照但不懂专业摄影技术，也不擅长修图。
- 害怕一直吹空调会得"空调病"，不得不在空调吹风口上挂一块布减弱风力。

　　● 倒车技术不好，怕倒车时撞到车位后面的花坛。

　　可以发现，用户的痛点，其实就是这种生活中微不足道却又令人感到不舒服的、尴尬的瞬间。如果你在商品主页的评论区翻一翻差评，就会看到用户对你的产品有多么不满意。一个优秀的产品经理应该养成主动看差评的习惯。互联网鱼龙混杂，虽然不乏故意写差评、搞恶意竞争的网络水军，但很多差评确实是真实用户的真实感受。

　　差评表面上是在指责你的产品存在问题，背后则隐藏着用户没有直接解决的痛点。作为产品经理，你看到自己付出大量心血的产品得到差评，虽然心情会不好，但你要放大自己的格局，不要计较真实用户的表达方式是否友好。只要他们反馈的问题确实存在，那么就是有价值的，就给了产品经理一个改进产品、解决用户痛点的机会。

2. 解决用户痛点

　　听到用户的抱怨之后，产品经理要把自己当作"小白用户"，去操作一下相关产品，看看用户批评产品的点是否真的用起来很不舒服。只要确认了痛点的存在，产品经理就可以想办法努力解决它。解决痛点的商家会让用户觉得很贴心。

　　要想解决用户痛点，一靠团队成员的精诚合作，二靠同用户的深入沟通。

　　产品经理了解了用户的痛点之后，要把反馈意见如实地转达给团队成员。特别是作为工程师、设计师，你要站在用户的角度来告诉他们，自己的产品存在什么"瑕疵"，用户希望得到什么样的效果。然后，你要跟团队成员一起商量，怎样从设计、制造的角度实现用户的心愿，解决用户的这个痛点。有时候，你们会发生激烈的争论。但是，这在小米是常态，大家最终会坚持"始终坚持做感动人心、价格厚道的好产品"原则得出一个切实可行的方案，把用户的痛点彻底解决。

在此过程中，产品经理还可以同那些经常使用该款产品的发烧友聊一聊。这些人非常熟悉产品的性能和"瑕疵"，有可能会想出一些出乎你们意料的变通办法改良产品。甚至可以说，产品研发与设计团队解决用户痛点的灵感就是从此得来的。

3. 超出用户预期

在此之前，用户的痛点一直存在，对我们的产品有所不满。但是，换一个角度来看，如果用户的痛点已经被市场上的同类产品解决了，那么用户早就放弃我们的品牌产品了。如果用户没有彻底放弃我们的产品，而只是抱怨，就说明他们以为市场上所有的产品都是这样，抱怨之后便习以为常了。

因此，我们不仅要解决用户的痛点，还要解决得很巧妙，要考虑解决成本，做出超过用户预期的产品。只有超过用户预期的产品，才会让用户觉得物有所值，才会让他们"尖叫"。这样的产品才真正具备爆点。

（1）产品的引爆点往往就是令用户感到惊喜的那个产品亮点。

（2）小米捕捉产品引爆点的三步走方法：挖掘用户痛点→解决用户痛点→超出用户预期。

（3）寻找用户痛点的方法：到自家产品三页的评论区看差评；把自己当成"小白用户"，亲自体验产品在哪些方面用起来不舒服。

让产品脱颖而出的"三高"定律

2016年的第四季度，小米手机的销量出现暴跌，OPPO以压倒性优势夺得了市场销售第一的宝座。当时的小米还没有完全解决供应链问题，而且一、二线城市用户的需求已经趋于饱和，而方兴未艾的三、四线城市及农村的市场被OPPO和vivo等品牌抢占了先机。这导致小米进入自公司成立以来最艰难的一个季度。

为了扭转困局，雷军在小米Note2发布会上出人意料地推出了小米MIX全面屏手机。这是世界上第一款全面屏手机，比三星、苹果的同类产品更早问世。它首次提出了"全面屏"的概念，是小米不计代价搞科技创新的产物。媒体点评道："小米黑科技，从未黑得如此彻底。""小米打造了2016年外观最酷炫的手机。"

小米MIX全面屏手机的发布重新树立了小米追求极致科技创新的形象，让公司上下士气大振，发展也走出了困境。从此以后，全球智能手机行业开启了全面屏的时代。

小米MIX全面屏手机的胜利可以说是小米爆品战略的胜利。怎样才能做出让用户喜欢的爆品呢？用户喜欢具有科技含量的产品，喜欢符合时尚潮流的产品，喜欢物美价廉的产品。小米由此总结出一个产品有关的"三高"定律：高科技、高颜值、高性价比。

1. 高科技

作为一家科技公司，小米却坚决反对把科技变得过于"科技"，而是主张科技不能距离人们的日常生活太远。因为用户只会为自己听得懂的科技买单。如果你绞尽脑汁地打造出一款用户不会用的高科技产品，那么这样的产品只会让用户产生反感。科技产品不应该成为卖弄技术的噱头，应该能让用户实实在在地感受到科技带来的好处，这样他们才乐于接受你的高科技产品。

基于此，以下是四个让用户感知和理解科技产品的常用方法：

（1）科技数字化。

数字几乎是全世界通用的语言，用户天生就对数字比较敏感。科技数字化不是简单地罗列一组数据，而是要抓住用户的痛点，把产品功能信息用可视化数据图来表达出来，让用户明白产品能够在哪些方面解决他们的哪些烦恼，或者通过使用产品能获得多少可以用数字量化的好处。

（2）科技看得见。

用户永远相信眼见为实。所以，小米会设法揭开科技的神秘面纱，把科技产品直观地展现给用户。这对帮助用户理解科技的价值非常重要。小米的办法特别简单直接——拆机。把产品拆开以后，让用户直接地观看其内部结构及元件。这样既能满足用户对产品内部结构的好奇心，也能证明产品的每个细节都是真材实料。用户会因此对小米的产品产生好感。

（3）科技摸得着。

有些科技产品无法直接通过视觉来感知。这时候，可以让用户摸一摸或者使用一下产品。他们亲手触碰或使用产品以后，就能明确感受到产品的性能和品质如何。销售人员可以围绕产品特点设计一些简单而有趣的互动，让用户有兴趣参与其中，而且一学就会，一玩就成功。这样，产品就能取得用户的信任，激发其购买欲。反之则会被用户拒绝。

（4）产品拟人化。

如今的用户购买产品不只是为了满足功能的需求，还有情感的需求。所以，那些个性鲜明、设计独特的产品会被用户视为"伙伴"，更容易受用户的喜欢。小米在设计产品时，会先做用户画像，明确目标用户群体的性别、年龄、性格、爱好等。然后再根据用户群体的不同，设计具有不同个性特点的产品，为产品赋予更多的情感价值。

产品拟人化的另一个思路就是讲产品有关的故事。通过讲述产品的故事，为用户搭建一个使用场景。当用户到了某个具体场景中时，他们就会意识到拥有某件产品可以解决该场景中遇到的问题。当用户有了这种感知，意识到科技给自己带来的好处后，他们才会主动买单。

2. 高颜值

小米产品的相关团队有一个口号：颜值就是正义，好看的设计就是生产力。用户对产品的"颜值"越来越挑剔，因此那些仅有功能但造型很丑的产品，照样会沦为市场的弃儿。产品经理或相关负责人与其抱怨用户变成"颜控"，不如自己主动把产品做得高颜值一些。高颜值的产品自带流量，会让用户忍不住向别人炫耀，并且主动推荐给身边的朋友。如此一来，产品的口碑、流量就上来了，销量自然也会跟着上涨。

好的产品设计一定是美的。但审美是一件仁者见仁、智者见智的事情。甲觉得好看的东西，乙可能会嗤之以鼻。尽管如此，产品设计得美不美还是有标准可循的。

小米对产品设计审美的标准，对标的是世界上的四个权威的工业品设计奖项：美国IDEA奖、德国IF设计奖、德国红点设计大奖（Red Dot）、美国好设计奖（American Good Design）。米家LED智能台灯曾经荣获过IF设计金奖，这让小米产品的"颜值"得到了国际权威设计奖项的背书。

高颜值产品不仅要符合世界公认的设计审美，还应该具备企业自己的鲜明特色。一款产品如果去掉品牌的标识后就认不出是谁家的产品，这说明产品同质化问题很严重。因此，没有个性的品牌，是很难被用户记住的。

尽管小米产品的家族群在不断扩张，但小米生态链的产品基本上保持了统一的设计风格，小米内部把它叫作"MI Look"。"MI Look"设计风格一般以白色为主，再配上一点功能显示；整体造型力求简洁，以直线条居多，很少做异形设计；边角部分通常采用圆角设计，显得十分圆润、丝滑。

高颜值的设计不是一味地追求好看，而是必须与产品定位相匹配，将"好看"和"有用"两个属性相结合。而且在设计方面，片面地追求个性也是一个误区，必须考虑成本和用户体验。小米做产品主张"少即是多"，不赞成在设计上用力过猛，要坚决地弃绝用户不需要的功能，以免增加成本和设计难度。这样设计出来的产品，既能拔高产品的格调，提升用户的体验，还不会增加太多的成本，很好地兼顾了产品的高颜值与高性价比。

3. 高性价比

产品有高科技含量、有高颜值，也不一定能成为爆品，因为成交的关键要素还在于价格。通常，拥有高科技含量、有高颜值的产品往往价格也是不菲的。许多好产品因购买价格太高而丧失了成为爆品的机会。要想让用户不用太多挣扎就愿意买你的东西，就必须让他们觉得产品具有高性价比。

这里说的高性价比其实是一个相对值。产品价格的绝对值不一定非常低廉，但只要用户觉得以这个价格买到这款产品很值，就是高性价比。性价比问题直接体现在定价上。

很多人认为，产品价格是由企业来定的，定价公式是：**价格=成本+利润**。

然而，最终买单的是用户。用户在购物时很少关心产品的实际价格，他们是根据自己的需要来判断产品是否配得上其标价的。如果用户不愿意花钱，那么你的定价再合理也不会被市场接受。

因此，小米认为真正决定产品价格的公式是：**价格=用户愿意花多少钱**。

小米的定价公式完全是站在用户的角度来设定的。在此基础上，产品高性价比的本质就是企业定价要低于用户的预期。唯有做到这一点，用户才会觉得自己的钱花得物有所值。小米常说要打造出让用户尖叫的产品，其中的"尖叫"原因之一就是高性价比。小米的经验是，当价格低于用户期望值的一半或更低的时候，用户就会尖叫。我们平时在超市买东西的时候很容易被打半价的东西吸引，就是同样的道理。

为了预测用户对产品的期望值，小米梳理了用户在心中形成"价格常识"的过程。用户的价格常识主要有两个来源：一个是那些占据垄断地位的著名品牌大公司制定的产品价格，另一个是市场上同类产品的最高价格区间。

在小米看来，产品的高性价比是性能和价格的一个综合指数。小米的产品在技术研发上有优势，又依靠高效率商业模式获得了成本上的优势。然后，小米按照用户对产品的期望值来定价，直接跌破用户的心理预期价位，从而在用户心中形成了新的"价格常识"。

很多"米粉"在购物前会先看看小米有没有同类商品。如果有就直接下单，买到就是赚到。小米产品凭借高性价比形成了这样的口碑，所以用户才会信任小米的产品，以至于不假思索地下单。

小米产品的"三高"定律是个密不可分的整体：高科技和高颜值给产品带来高附加值，带来了口碑和流量；而高性价比促成流量直接转化为销量。一款产品同时满足"三高"十分不容易，但爆品的竞争力就是这样做出来的。

要点提炼·

（1）用户愿意为产品买单的三个理由：为产品的科技含量买单，为产品的时尚潮流买单，为产品的便宜价格买单。

（2）小米产品的"三高"定律：高科技、高颜值、高性价比。

（3）高科技不应该是营销的噱头，而应该真正让用户能感知到。

（4）产品的颜值高固然好，但要与产品的定位相匹配，即为产品设计一个"聪明键"。

（5）真正决定产品价格的公式是：价格=用户愿意花多少钱。

品控与成本决定公司能走多远

2017年春节后，小米公司决定成立质量委员会，强化对产品质量的把控。在质量委员会第一次动员会上，公司各部门负责人聚集到一起，由售后主管播放了一段录像：一位顾客在小米售后服务网点把手机狠狠地摔在地上，随后打了工作人员两记耳光。起因则是手机质量出了问题。这段录像引起了动员会上在场所有人的警醒。

小米质量委员会制定了手机生产标准和检验流程，把琐碎的质量管理工作量化、标准化、流程化。每一款小米手机被研发出来以后，都会被质量委员会拿来做测试、对比，再对照行业数据来查找存在的问题。接下来，质量委员会将成立一个个专项改善小组，一项项地落实、改善相关的质量问题。在质量委员会的努力下，小米从产品源头就开始进行严格的质量管控，全体员工的质量意识也不断地得到强化，成功降低了因手机死机问题而引发的投诉率和售后维修率。

品质是产品的生命，决定了公司能走多远。就算你的爆品有高科技含量、高颜值、高性价比的优势，一旦产品出现质量问题，你的一切努力都将白费。小米是一家互联网科技公司，但同时也是制造业的效率革命发起者。假如连最基本的品控问题都做不好，那么公司的一切创新都将是徒劳的。很多公司的品控出现问题，又常常与控制成本有关。所以，品控与成本这两个问题不能割裂开来看。

1. 爆品必须有高于标准的质量

品质的第一要素就是质量。很多成立几十年甚至上百年的老店，就是因为产品的质量出现问题而使口碑毁于一旦，招牌从此不保。小米以口碑为立身之本，自然会狠抓质量问题。小米之所以成立质量委员会，由雷军亲自牵头主持工作，就是为了避免小米在用户最重视的质量问题上栽跟头。

小米要求爆品必须有高于标准的质量。以小米电视为例，业内的平均维修率是2%，小米电视的售后维修率只有1%。但雷军希望公司能把产品的合格率从99%提高到99.99%。做品控不能只跟行业平均水平比，而要从用户角度来看待质量问题。因为，对那些1%的产品的用户来说，他们买到问题产品的概率是100%。

为了落实这个高标准、严要求，小米把一些主要元器件纳入大数据跟踪，并将售后服务数据通过系统进行实时反馈。这个做法让小米很快察觉到某款上市不到一个月的电视显示屏维修率出现异常，就迅速成立专家组去解决产品出现的问题。同时还与供应商联系，一起分析质量问题产生的原因。大家最终依靠实时质量跟踪系统的数据提示，发现了一个产品隐患，在最短时间内着手改进。此举让小米和供应商的损失都降到最低，用户的满意度也有所提升。

此外，小米还从生产源头狠抓质量，杜绝做产品时选择性地忽略一些小问题的马虎作风。小米的做法是确定一个高于行业平均水平的指标，然后按照这个指标倒推，看看怎样做才能达到这个指标。这种倒推法迫使公司各部门改善所有的环节，确保不给项目拖后腿。产品生产环节的整体质量有效地提升之后，售后服务的压力也因此骤减。

2. 爆品必须保证相对成本的优势

有人担心狠抓品控会导致经营成本增加。因为按照一般的看法，品质提升意味着需要投入更多成本，而削减成本就必须牺牲一部分对品质的要求。降低产品品质无疑违背了小米打造爆品的理念，因此小米同时对控制成本也提出了很高的要求。

在小米看来，真正的爆品思维是如何在砍掉50%成本的基础上还能提高产品的品质。如果做不到保证相对成本的优势，就不算真正具备打造爆品的能力。为此，小米总结了一个降低成本的方法：一减、二降、三透明。

（1）一减：减功能。

我们先把产品的所有功能罗列出来，按照用户使用频率以及重要程度进行排序。然后，我们就会发现，自己以为必须拥有的大部分功能，其实基本上不会被普通用户用到。小米把这些用不到的功能称为"冗余功能"。既然用户用不到，就没必要保留下来给产品研发设计增加难度。砍掉冗余功能，产品的复杂度就会降低，出故障的概率也会降低，用户操作起来更简单、方便。何乐而不为呢？

（2）二降：降标准。

我们前面说的爆品要有高于行业标准的质量，是指核心功能的标准。此处说的"降标准"是指降低那些没有实际意义的标准。有些功能对用户来说够用就行，即便花很大力气去打磨它，用户也不会很在意。所以对于那些非核心功能的标准，应当适度降低，将节省下来的成本用来打磨核心功能。这一点也是降低成本的最佳空间之一。

（3）三透明：把整个产品成本构成透明化。

产品的成本通常包括两个方面：一是产品自身的原材料成本和加工成本，二是产品的流通成本。如果我们把产品的原材料全部拆解开来，逐一核对成本，让整个产品成本构成透明化，就很容易发现许多浪费成本的环节。因此，小米做产品时务求知道每个零部件的采购成本价，甚至需要弄清加工零部件的原始材料的成本。

此外，小米还注意让整个运营成本透明化。其实，最大的成本往往不是原材料成本和人力成本，而是渠道成本。只有把成本拆解清楚了，我们才能找到成本高的源头，从而找到降低成本的空间。

总之，成本不单是某一个环节的问题，而是一个系统问题。小米在打造产品时从策划、设计、研发的环节就开始注重成本，让全体员工都有成本意识。同时，还会认真梳理每一个环节的成本，砍掉那些对用户没用的"冗余功能"的成本，这样的产品成本就是相对最优成本了。

产品研发的"三新"原则

2016年，AlphaGo在与韩国著名棋手李世石的围棋赛中取得了四胜一负的压倒性胜利。这场令世界震惊的人机对决标志着人工智能在深度学习领域取得了突破性进展。小米团队敏锐地意识到，各大科技巨头都在积极研发自己的智能语音技术，抢占人机交互入口市场的制高点。

于是，小米决定全力投入人工智能的研究，把智能音箱研发工作上升为公司新战略。小米电视、小米大脑、小米探索实验室共同开始研发小米智能音箱。经过一番努力，2017年7月26日，小米正式发布了售价299元的"小爱同学"智能音箱。

"小爱同学"是用户的智能管家。用户可以通过它对小米产品下达指令，如开或关小米电视、扫地机器人、空气净化器等。"小爱同学"登上了该年度国内智能音箱市场排行榜的前三名，帮助小米在人工智能时代占据了一席之地。

创新能力是科技公司最根本的硬实力。但不是所有的新点子、新设计、新产品都符合用户的需要，为了创新而创新是本末倒置的行为。创新的本质是解决用户的问题。你如果采用竞争对手没有想到的办法解决了用户的问题，那就是一个有用的创新。小米有一个产品创新理论，其核心是"三新"：新品类、新人群、新定价。

1. 创建产品新品类

所谓建立产品新品类，就是在"红海"中找到"蓝海"。这里的"红海"指的是已知的市场空间，也就是已被开发且竞争激烈的现有市场。"蓝海"指的是未知的市场空间，可引申为空白市场。找到其他企业尚未开发的"蓝海"，在无人竞争的环境中第一个填补市场空白，才更容易获得成功。

不过，如今的信息高度发达，就算你能幸运地发现一个新的"蓝海"，这个"蓝海"很快就会变成"红海"。况且，当一个市场被称为"红海"时，这恰恰说明这个市场中提供的商品是社会刚需。毕竟没有需求的市场很难成为"红海"，也不会成为真正的"蓝海"。

所以，小米转变了思路，尝试从"红海"竞争中寻找新的机遇。也就是说，在"红海"产品的基础上，找到产品的差异点，进而建立一个新的产品品类。"红海"的刚需决定了新品类的需求极大，而其创新点又给用户带来了新的认知，形成了其他同类竞品所没有的差异化优势。在短时期内，新品类在"红海"中是无对手参与竞争的，也就和开发"蓝海"差不多。

由此可见，企业如果能做出新品类，就更容易出现爆品。但是，做新品类需要一个很好的时机。若太领先了，则市场需求还没起来，无法带动销量；若动作慢了，则机会就会被竞争对手抢走了。那么，什么时候是最好的创新机会呢？

对此，小米的经验是抓住三个时机：一是技术出现拐点时，二是市场出现拐点时，三是产业出现拐点时。

本节开篇的案例提到的人工智能战胜人类围棋高手的标志性事件，就是一个技术拐点。随着科技的快速发展，类似的技术拐点会层出不穷，出现的频率也会越来越高。这也使得各大科技企业创新周期渐渐缩短。若企业不小心错过了这一个技术拐点，则下一个技术拐点也许为时不远。

同时，市场拐点对新品类的推动也至关重要。所谓市场拐点，就是政策允许并扶持某些市场，而且市场需求已经呼之欲出，创新的技术条件和资金条件已经具备。这时候就可以行动了。随着AIoT（人工智能和物联网）这个大市场的崛起，一些AIoT新品类将会在未来几年中快速崛起，因此，如果企业能抓住这个大风口，就能找到很多创新品类的机会。

产业拐点的出现往往是被动的。一个产业的兴起最初由技术或市场驱动。到了一定阶段，市场上的产品开始趋同化，市场由"蓝海"

变成"红海"，此时白热化的竞争就很难带来企业的高速增长。当产业发展遇到了瓶颈，需要借助AIoT的力量转型、升级，这便是利于创新品类的产业拐点。

2. 发现市场新人群

小米的产品都是围绕用户开发的，用户喜欢的产品就是好产品。但是，用户并非一成不变的，反而是一个最大的市场变量。如今，"70后""80后"的用户随着年龄的增长，他们的消费需求和习惯发生了变化。新一代消费的主力军已经是"90后""00后"的用户。

市场看似还有那么多人，但是人群结构发生了变化，各种社群层出不穷。社群经济成为今天重要的经济模式。小米是社群经济的受益者。如今，随着"90后""00后"这样的年轻群体成为社群经济的主力军，人群划分更加多维度，更多新型品类也应运而生。于是，很多传统国货老品牌针对年轻人喜欢"潮"的特点，对自身的产品进行了重新包装，老品牌推出了"新国潮"系列产品，重新受到了年轻用户的热烈欢迎。由此可见，和用户交朋友的时候，特别要注意年轻用户的动态，这样才能把握住消费市场的新人群。

3. 革新行业标准定价

对一个新品类而言，要想获得市场的认可，掌握产品品类的定价权也是一个关键因素。谁掌握了产品品类的定价权，谁就掌握了整个行业的话语权。

按照小米的理念，产品定价是用户的第一体验。用户购买任何产品，最终都会落到成交层面上，这是整个交易最关键的一环。用户对某个品类的产品通常有一个心理价位。而这个心理价位并不是由用户来定义的，而是在这个品类问世之后由某一个品牌来定义的。一旦这个价位成为用户的共识，用户就会以这个标准来衡量其他品牌的定价。

小米认为产品定价权不是掌握在企业自己的手中，而是掌握在领导品牌的手里。所以，企业在推出新产品品类的时候，一定要特别重视掌握产品的定价权。比如，小米智能手机崛起后，最初定价为1999元，获得了除苹果手机之外的定价权。这个价格被用户认可了，于是后来1999元就成了同档次国产智能手机的标准定价。

自从小米生态链渗透到各个领域后，很多品类的产品都努力获得了定价权。这让小米产品高性价比的相对成本优势发挥到极致，为新品类成为新爆品占据了有利地位。

（1）产品创新应该在"红海"市场产品的基础上找到差异化竞争力，从而形成一个开辟"蓝海"市场的新品类。

（2）做新品类的时机有三个：一是科技出现拐点时，二是市场出现拐点时，三是产业出现拐点时。

（3）用户一直在变化，产品研发应该注重发现"新的人群"，保持对市场变化的前瞻性。

（4）新品类要想获得市场的认可，就要先掌握产品品类的定价权，进而掌握整个行业的话语权。

如何取舍大众产品和小众产品

2020年，小米在成立十周年之际公布了未来十年的核心战略——手机×AIoT。按照小米的定义，该战略中的"手机"指的是智能手机硬件、相关的软件以及互联网体验，"AIoT"指的是除手机以外的各种智能设备，以及各个场景下的多种服务。中间的"×"代表所有场景的产品和服务实现互联互通。

自从小米公司创建以来，智能手机一直是公司最重要的核心业务，因为其直接关系着小米商业模式的成败。而AIoT业务则围绕手机来构建全场景的智能生活。也就是说，小米生态链所有的AIoT设备和服务，都是围绕智能手机来发展的。用雷军的话说，AIoT业务就是小米智能手机的护城河与价值放大器。

在"手机×AIoT"的战略指导下，小米要做的不是孤立的大众产品或小众产品，而是要借助科技的力量，为用户提供智能家居、智能办公、智能出行等全方位、全场景的美好智能化生活。

小米的爆品有时候是从冷门领域异军突起的。但这并不意味着小米把小众市场当成自己的主要突破方向。事实恰恰相反。如果细细品味"手机×AIoT"战略中"AIoT业务"的内涵，就不难发现小米的理念其实一直都是——要做就做最大的市场。

1. 着眼于80%用户的80%需求

小米要求做产品时要精准地选择用户群体，首选就是从大众市场寻找发展机遇。现在市场上的产品虽然五花八门，但大致上可分为两大类：第一类是标准化程度高、通用功能性强的产品，第二类是满足人们个性化需求的产品。毫无疑问，前者是为大多数人服务的，后者满足的是小众的个性化需求。小米生态链选择的产品品类主要是前一类产品。

小米的决策逻辑是：认准发展趋势，找到那些需求最广的大市场，聚集"刚需"，集中力量干一件大事。因此，小米定义产品总是着眼于80%用户的80%需求（又称"80%—80%原则"）。

80%用户，指的是大多数的中国普通老百姓，即我国市场最庞大的消费主体。80%需求，指的是相对集中、普遍的大众需求，又称"刚需"。用户的需求是多样化、个性化、分散化的。但是，经过"80%用户的80%需求"的标准筛选后，用户提出的几百个痛点可能只剩下少数几个真正的"刚需"。

在明确用户群体的"刚需"之后，小米对产品研发新功能的态度是"宁减勿增"。是否增加产品的新功能，必须考虑以下两点：

第一，新功能会不会增加不必要的成本。因为硬件每增加一个功能，都会直接增加成本。做大众市场的产品，就不能让大众为小众的个性化需求去买单。

第二，即使没增加成本，但这项新功能如果让用户的体验变得更复杂，就说明它同样不是必须解决的"刚需"。

我们在做产品的时候绝对不能绕开产品的核心功能，因为所谓"很特别"的功能往往不是"80%用户的80%需求"。当公司绕开核心功能，去开发那些听起来很花哨、酷炫的功能时，它就是把大众产品小众化了。这样的产品不具备大规模生产的基础，无法通过规模效应来降低成本，不可能出现口碑与销量双优的产品，相当于企业主动放弃了大众市场的红利。

2. 大众产品高质化

小米主张一定要做最大的市场，聚焦80%用户的80%需求，围绕用户真正的"刚需"来解决其痛点。大众市场中的产品就是人人都需要的产品，任何有头脑的商家都会争夺这个赛道。那么，怎样做才能在大众市场中做出最受欢迎的产品呢？小米的秘诀是大众产品高质化。

新一代主流用户已经进入了一个物质丰富得过剩的时代。他们在市场中有了更多的选择，消费水平也在不断提升，所以比过去的用户更加注重产品的品质。从产品功能到性价比，从设计美学品质到使用体验，甚至商家的服务水平，都会是他们挑剔的对象。小米认为，今天的中国开始进入为"高品质"买单的消费阶段。所以，小米坚持以高品质产品来应对更加挑剔的新一代用户。

高品质产品本质上有两个特征：要么提高效率，要么带来更好的用户体验。如果你的产品这两个特征都不具备，那么它是不可能打动用户的。

提高效率的高品质产品，其最大的价值就是提高用户生活的效率。人们平时常说的"懒人经济"，本质上反映了用户对高效率生活的追求。比如，米家扫地机器人可以让扫地这项家务变得更轻松。

改善用户体验的高品质产品，则会让用户在使用产品的过程中产生各种奇妙的心理感受。用户体验包括产品外观在视觉上给人以美的享受，以先进的智能设备自动帮用户改善生活细节上的舒适度。只有提供超用户预期体验的产品，才是能带来好口碑的高品质产品。

做高品质产品最大的诀窍是：专注和极致。具体来说，就是少做产品，只做精品。小米始终反对那种用数十款甚至上百款产品去覆盖市场的笨办法，而是坚持走专注的爆品战略。换句话说，就是集中所有的资源和人力，全力以赴地做好一款精品。

同样是标准化程度高、通用功能性强的产品，如果你的产品品质鹤立鸡群，就会产生好口碑，进而引爆市场。小米正是凭借大众产品高质化的策略迅速成长为业界巨头的。

3. 小众产品大众化

大众市场是小米生态链关注的重点。那么，小众产品就不能做了吗？当然不是。虽然小米无论做什么产品，都着眼于80%用户的80%需求，但小米的另一个产品策略是将小众的产品大众化，最终和高品质大众产品一样在大众市场中赢得销量与口碑的双丰收。小众产品大众化最典型的例子就是小米智能手环。

在2013年底，虽然智能手环已经成为一个创业热点，但是当时的市场形势是：同类竞品繁多，但整个智能手环行业还处于起步阶段，用户规模小，产品价格偏高。这导致无数年轻用户不敢尝试智能手环这种新生事物。

毫无疑问，当时的国内智能手环市场还是一个小众市场，但随着人们对智能化产品的消费需求不断升级，它有着成长为大众市场的潜力。于是，小米决定用大众市场的逻辑去做小众产品。具体而言，就是把智能手环的成本降下来，让大众用户可以用较低的价格和便捷的方式获得这个新鲜产品。

小米研发团队先梳理了智能手环存在的将近100个痛点，然后用"80%—80%原则"选出重合度最高的痛点，最后总结出三个核心痛点：

一是价格高。购买智能手环的门槛高，很多用户舍不得买。

二是功能繁杂。80%的产品功能基本用不上，不仅增加了研发、生产成本，还破坏了用户体验。

三是缺乏用户黏性。很多用户觉得智能手环是个可有可无的配件，不会像戴手表一样长期佩戴。

这三个痛点形成了一个恶性循环，导致智能手环徘徊在小众市场。于是，小米按照80%用户的需求做完产品功能的减法后，只保留了计步、监测睡眠、计算卡路里、来电提醒等"刚需"，砍掉了用户不太用得到的功能。同时，小米还开发了用智能手环为手机自动解锁的功能，把手环与手机捆绑在一起，极大地增强了用户黏性。小米手环上市后果然大获成功，把智能手环从小众市场带进了大众市场。

小米有句口号是"人人都可享受科技的乐趣"。这句口号的背后，是小米把众多科技创新型小众产品打造成了大众产品，极大地降低了产品的成本，推动了这些产品技术的普及，让更多的用户能够享受新科技带来的乐趣。

要点提炼·

（1）大众产品是标准化程度高、通用性强的产品，服务于大多数人；小众产品是满足个性化需求的产品，服务于少数人。

（2）要做就做最大的市场，满足80%的用户的80%需求（80%—80%原则）。

（3）做大众产品要高品质化，高品质就是提高效率或者提升用户体验。研发高品质大众化产品应当少而精。

（4）用大众市场的逻辑去做小众产品，把小众产品大众化。

第4章
▼

提升服务：把用户体验做到极致

- 做服务就是和用户做朋友
- 用户在哪里，就去哪里做服务
- 做好服务的根本是快速反应
- 全方位帮助员工提升服务水平

做服务就是和用户做朋友

案例回顾

　　小米的愿景是和用户做朋友。在设计MIUI12系统的过程中，这个理念也被小米团队运用到了极致，从隐私安全和人性化服务的角度解决用户的痛点。

　　很多手机用户对隐私的感知度并不高，也不够重视。他们不知道自己的个人数据被拿去做了什么，甚至不知自己的隐私信息什么时候被拿走了。小米在行业中率先对用户隐私保护措施进行了创新。小米的MIUI12系统先后推出"照明弹""拦截网"和"隐私面具"三大功能，为用户筑建了一道保护个人隐私的堡垒。

　　此外，小米的MIUI12系统还推出了AI接听、AI拨打等新功能。这些创新来自一位特殊的"米粉"——一位不能说话的快递员。他因为不便与收件人电话沟通，只好用发短信的形式通知，导致收件人常常没有及时看到信息。小米研发团队得知此事很受触动，特意研发了AI接听、AI拨打等功能，专门服务于像这位快递小哥一样生活不便的特殊人群。

小米为特殊人群开发AI接听、AI拨打等功能，体现了一家企业的社会责任感。MIUI系统的月活用户早已突破3亿，其中就包含了数以万计的特殊人群。小米为了更好地服务特殊人群的用户，专门设置了无障碍业务组，负责收集特殊人群的反馈意见，并长期与各地特殊人群服务团体沟通与合作。小米之所以这样做，是因为把"死磕"服务当成了小米商业模式的信条。死磕服务的核心服务理念就是——和用户做朋友。

1. "死磕"服务是小米商业模式的信条

小米喜欢在两个方面"死磕"，一是产品，另一个是服务。雷军曾经多次在内部会议上讲话："我们把产品、服务做得用心一点儿，让用户喜欢我们。用户喜欢我们了，'打赏'我们一点儿小费，我们挣这个小费就可以了。"

小米的商业模式决定了服务就是核心竞争力，"死磕"服务是小米商业模式的信条。这点跟传统企业存在很大的区别。

传统企业中的客服人员地位通常很低。老板说客服工作很重要，但给客服人员开的薪水很低，对其办公环境也投入不多，客户服务部门常常被当作企业和用户之间的防火墙。用户投诉产品问题或服务问题时，客服人员没有权限去解决问题，只能不停地说"对不起"，替公司挨骂。这种把客服人员当"挡箭牌"的做法，根本不可能打造极致的服务。

小米从创业开始就把服务当成一项战略来抓。小米公司成立之初，产品销量暴涨，客服团队一度有60%的员工是外包人员。但小米高层很快意识到，只有员工发自内心地认同自己是小米公司的一员，才会对服务工作有更多的认同感，才愿意按照小米的理念"死磕"服务。

为此，小米客服团队中的每一位客服人员都要先成为小米产品的粉丝，每天都要用自家产品。这样才能更好地感知用户的感受，像对待朋友一样解决他们的痛点。

2. 和用户做朋友

"和用户做朋友"，就是让大家发自内心地去服务好用户，像对待朋友一样解决他们的痛点。首先，企业要尊重和信任自己的员工，员工才会在服务用户的时候真心地把服务当成分内之事。其次，企业要在服务方面舍得投入，舍得花钱。因为一家公司对服务的重视程度，主要体现在对服务的投入力度上。无论是人力、物力，还是财力、精力，都要在服务环节投入到位。

在小米公司，每一个客服人员都可以自主判断眼前的这个用户，是否需要给一些额外的小礼物。如果赠送小礼物有助于更好地帮助用户解决问题，有利于跟用户交朋友，那么这笔钱就是该花的。客服人员无须向他们的主管申请，就可以为此事做主，事后按规定上报即可。

小米有系统可以简单记录这些赠予行为，主要记录赠品的成本和赠送理由。但公司不会针对这些琐事向员工过问太多。因为小米相信一线员工能够根据具体情况做出正确的判断，相信他们做这些事确实是为了和用户交朋友。

事实上，公司越是信任员工，充分下放权限给客服人员，客服人员的言行举止反而会变得更加谨慎、老成。他们感受到了公司的尊重和信任，所以也真诚地热爱服务工作，并像朋友一样为用户创造价值。如此一来，小米就打造了一个自我驱动进步型的客户服务体系。这个体系的关键正是一个个真诚与用户交朋友的小米员工。

从表面上看，客户服务工作不像销售工作那样能直接为公司带来收入，也不像产品研发工作那样有技术创新者的成就感。但是，小米一直把在客户服务方面的投入当成市场营销广告的费用。因为小米还有一群特殊的客服——"米粉"。小米在客户服务方面的每一份投入，都会进一步打动"米粉"，对自身的产品或服务形成良好的口碑和巨大的流量，最终带来更大的回报。

据小米统计，绝大多数购买小米产品的用户，都是因为他们的朋友推荐的。超过20%的用户会使用他们的小米账号帮助朋友购买小米的产品。小米客服人员与"米粉"交朋友，而资深"米粉"又把自己的朋友拉进来，成为小米的新朋友。小米就是在不断和用户交朋友的过程中发展壮大的。

（1）小米的商业模式决定了服务是企业的核心竞争力，要像"死磕"产品一样"死磕"服务。

（2）尊重和信任自己的员工，员工才会在服务用户的时候真心对待服务工作，真诚地和用户做朋友。

（3）小米一直把在客户服务方面的投入当成市场营销广告的费用，通过和用户做朋友来团结"米粉"，把"米粉"变成了自己的特殊"客服"。

用户在哪里，就去哪里做服务

案例回顾

2023年，随着小米周年庆的到来，小米商城宣布对线下服务进行全面升级。

在服务设施方面，小米将在全国范围内设立超过1500家服务门店。这些服务门店覆盖了94%的地级市。为了提升服务的便捷性，小米还将在全国设立超过3000家属地化服务网点。

在服务人员方面，小米将配备超过3万名专业认证工程师，由他们向用户提供专业的技术支持和售后服务。

在服务措施方面，小米也为用户提供了多项便利。比如"当日收、当日修、当日返"服务，让同城用户能在送修当日拿到修好的产品。小米还实现了上门服务进度全程可视，用户可以预约上门服务，并与工程师进行在线沟通。为了满足用户寄修的需求，小米在全国各省份设置了30家小米寄修服务中心，每个省份至少一家服务中心。这些服务中心承诺在当日12点前签收产品，在当日完成维修并返还。

小米大张旗鼓地升级线下服务体系，就是为了争取第一时间解决用户的问题。

1．用户在哪里，就把服务做到哪里

要想提升服务水平，就不能被动地等用户上门找你求助。否则，就只是行业内一般的做法，给不了用户超预期的体验。

很多公司给用户的售后服务渠道主要是一个400客服电话。可是，如果用户当时不方便拨打电话怎么办？如果用户在非工作时间打电话求助，而服务中心调不出人手来第一时间解决问题，那么用户就要等到周一到周五早9点到晚6点才能上门服务。这对于焦急等待问题解决的用户来说就太拖拉了。这样，用户体验的感觉不好，对品牌的认可度也会大打折扣。

小米的理念是，用户在哪里，我们就把服务做到哪里。小米有很多用户不喜欢打客服电话，更习惯用社交媒体沟通。所以小米开通了7×24小时的在线服务平台，用当代用户感到最舒服的方式来服务用户。小米在全国各地增加属地化服务网点和小米寄修服务中心，以确保更多的用户在自己生活区域周边随时能找到小米的服务站点。这样一来，小米就能在全国大部分主要地区实现"当日收、当日修、当日返"的服务效率了。

2. 把小米之家做出"家"的感觉

小米之家是小米官方服务旗舰店，为用户提供售后、体验、自提的服务，也是小米人和"米粉"交流的场所。跟其他公司的售后门店不一样，小米之家的建设目标是营造出"家"的舒适感。

小米之家从刚启动的时候，就得到了各地"米粉"的支持。当时的售后主管在10天内跑了7个城市，在每个城市看了不下30个场地，才找到了适合做售后门店的房子。各城市的当地"米粉"纷纷帮忙提前联系中介，帮小米售后主管搜集房源，甚至全程陪同看房。如果没有"米粉"的热情相助，小米很难在短短10天内做完这么多事。一个多月后，全国第一批共7个小米之家全部开业了。

为了回报"米粉"的情义，小米像装修自己的家一样去设计和装修小米之家，把这个售后服务中心装修得非常漂亮，环境布置得十分温馨。这让很多用户在第一次走进小米之家的时候，就感到这个售后门店的与众不同。

小米之家提供的服务和在小米之家举办的活动丰富多彩。你可以在那里体验新产品，解决手机等设备的故障，请小米之家的工作人员帮忙升级软件或者刷新系统。后来，各地"米粉"都会在当地的小米之家举办生日宴会，开展各种联谊活动。甚至还有即将大学毕业的"米粉"借用小米之家的打印机来打印他的毕业论文。

如今，小米之家遍布全国，已经成为小米公司面向用户的最主要窗口。小米之家及其他小米服务机构以宾至如归的良好服务体验，把全国各地不计其数的"米粉"与小米公司紧密联系在一起。

3. 小米服务体系的点滴系统

小米不仅有把售后服务门店做成服务创新的"家"，还在服务体系内不断进行微创新，一点一滴地改善公司的服务质量。这些微创新基本上都来自一线员工在具体工作中总结出的好建议。大家积极思考与总结，指出服务细节上的瑕疵，分享好经验，把服务越做越精细、扎实、人性化，为小米树立了良好的口碑。

为了让这种进步能保持下去，小米开发了一个专门收集员工反馈意见的产品——小米服务体系的"点滴系统"。

小米服务体系的员工可以在"点滴系统"App上提出自己的建议。每个员工都能看到他人的建议，并对这条建议进行评论、打分、点赞。小米成立了专门运营"点滴系统"的5人运营小组，负责对系统中一线员工的建议进行公布、奖励、评比以及落实等工作。

为了加快改善服务细节的速度，"点滴系统"采取了扁平化的决策机制。如果是可操作性很强的好建议，公司就不用开会通过，直接在"点滴系统"App上提交，得到运营小组3人以上点赞同意，就会被采纳和落实，从而在小米服务体系中推广。对于提出建议的员工，公司会给予米兔、各种配件等奖励。

"点滴系统"的整个流程完全透明，所有人都能查看和监督。它的出现充分调动了一线服务人员的工作积极性，也让小米服务工作能不断地进行微创新，改善各个服务细节，主动解决用户的问题。毫不夸张地说，"点滴系统"就是小米提升服务质量的智囊库。

做好服务的根本是快速反应

案 例 回 顾

2024年3月28日，中国质量新闻网发布了《中国质量报》记者写的关于小米公司软件服务端质量提升背后的故事。其中有一个小故事叫《相互支撑的5毫秒》，讲的是小米软件服务端对用户体验的极致追求。

5毫秒，在日常生活中完全可忽略不计，只有当延迟超过100毫秒时，用户才会明显感觉运行有点慢。但对于Redis（一个存储数据库）日志组件来说，5毫秒是目前业界公认的能实现良好用户体验的最短延迟时长。

小米按照业内公认最高标准，把延迟时长标准定为5毫秒。为了给"米粉"提供最好的体验，小米软件服务端监测的服务器Redis日志延迟时长的标准也是5毫秒。但有细心的米家工程师发现，Redis日志延迟时长经常达到6~7毫秒。虽说用户对多出的1~2毫秒不会有明显的感觉，但小米服务端和业务端的工程师会一起认真地查找原因，直至最后解决了这个问题，确保用户的体验"丝毫"不打折扣。

小米服务端和业务端团队"死磕"延迟时长1～2毫秒的案例，体现了小米对"快"的极致追求。互联网七字诀"专注、极致、口碑、快"中的"快"，已经成了小米的一种企业文化。小米将用户需求作为其行为节律的"授时因子"，要求全体员工在收到用户需求信号的第一时间采取行动。这种快节奏的风格为打造优质服务体系创造了有利条件。

1. 快是做好服务的根本

对于用户来讲，产品的服务体验好不好体现在很多方面，但最本质的要求就是快。用户希望企业发货快，让他们能第一时间拿到自己想要的产品。用户咨询问题时，希望企业响应快，不要让他们干等。当然，用户最重视的、也最容易遇到麻烦的环节就是售后服务。如果售后人员解决问题不够快，那么企业辛辛苦苦建立起来的口碑就可能一朝崩塌了。

可见，做好服务的根本就是一个"快"字。如果你发货不够快、用户咨询响应不够快、售后维修不够快，那么，所谓的个性化服务和差异化服务都将沦为空谈。

为此，小米根据用户对服务的需求，推出了一系列措施。比如，针对用户对发货速度的需求，小米推出核心城市24小时极速配送服务。为快速解决用户意见反馈，推出"1小时快修敢赔"服务，设定了维修流程不超过1小时的承诺，并在小米社区、微博等互联网平台都建立了服务渠道，第一时间响应用户的售后请求。

以"1小时快修敢赔"服务为例，这个"1小时快修"承诺是指从前台受理用户售后开始到全部维修服务结束这段时间不超过1小时。如果1小时内修不好，小米就会让用户领小米网的20元现金券，或者参加现场掷大骰子的游戏。用户掷出不同的点数，可以获赠不一样的小礼物作为小米的赔礼。

2. 小米客服"100分钟必有回应"原则

小米不但在线下维修服务求快，而且在线上客服系统同样也讲究快速响应。小米客服人员要遵循一个"100分钟必有回应"原则。该原则的大致内容是：从用户发微博到接入系统客服回复第一句话，要在100分钟内达成。目前，这个客服人员响应速度在手机行业是首屈一指的。

为了坚守这一个原则，小米细化了一系列响应与解决问题的指标，以此确保客服团队能迅速地应对用户的反馈意见。

比如，小米设置了"异常问题1小时解决机制"，一旦出现产品、销售异常等的突发问题，跨部门的1小时回复解决率要达到80%以上。这项机制是为了避免各部门之间因拖延、推卸责任等而给用户造成不良体验。同时，将客服人员的工作流程细化为热线电话与在线客服的连接率、24小时结案率、热线满意度、在线满意度、社交媒体回复时效、3分钟处理率等具体指标。

正是凭借这些具体制度，小米客服的"100分钟必有回应"机制才没有形同虚设，也才能把"快"的服务真正变成小米品牌的核心竞争力。

要点提炼·

（1）用户对服务最根本的要求是：发货快，咨询响应快，售后解决问题快。

（2）小米客服人员有一个"100分钟必有回应"原则。

全方位帮助员工提升服务水平

2023年1月，小米公司由集团信息技术部牵头，联合4个重点业务部门以及集团质量办公室共同成立了专项工作组，围绕10个重点业务和25个核心基础服务，全力整治软件服务端的质量风险问题。为了提升各业务端和软件服务端的应急备灾能力，工作组组织了四场集团级别的应急有损演练。

比如，2023年5月20日凌晨，小米公司近百位工程师共同围观两台交换机同时断网。交换机断网属于重大事故，是小米工程师的"噩梦"。这种让两台交换机同时断网的"应急有损演练"，是前所未见的。它几乎辐射了小米所有的业务线。大家非常担心，万一演练过程中引发了重大事故，可能波及数以亿计的用户。

工作组深知与其寄希望于不出现意外情况，不如通过有损演练做好应急预案。凌晨进行演练，也是为了最大限度地减少对用户的影响。有损演练成功地提升了工程师队伍的应急能力，催生了更完善的应急预案。后来，业务线上的小米工程师也时不时地主动找到工作组要求参与演练，全面提升服务质量。

小米对服务的极致要求，离不开广大员工的高水平执行力。为了改善用户体验，小米用了很多办法帮助员工提升服务水平。上述案例中的应急有损演练，就是小米服务体系建设的一个缩影。制定标准化的服务规范，是大多企业通行的做法。但在小米看来这样做还不够，要想与用户交朋友，还要做得更多一些。

1. 为用户提供人性化的非标准化服务

用户来到小米之家之后，接受服务人员面对面的服务。他们的体验好不好，主要看服务人员是否真诚。标准化的服务语言、招牌式的职业微笑，对于用户来说虽然足够礼貌，但是还不够真诚。因为在这种标准化的服务规范下，真人客服与AI客服的表现没有本质的区别，不足以给用户带来超预期的服务体验。

在小米的客服体系里，员工不仅会在培训中学到一套复杂的标准答案，还会在此基础上"得意忘言"，无招胜有招，以真诚的态度向用户"说人话"（而非满口术语），敢于在遇到具体问题时主动思考非标准化的答案。这样才能体现服务的品质化、差异化，从而体现企业的核心竞争力。

小米之家的这项工作要求，刚开始让不少传统客服出身的老员工都感到头痛。他们很怕不按照标准服务用语说话会出错，不小心得罪用户。于是，员工每天一起听客服录音，讨论某句话说得好不好，什么细节还可以改进。小米之家所有的客服人员都参与到这个共同学习的过程中，每天进步一点点，从手足无措到应对自如，让自己的服务更加"走心"了。

2. 客服部门与研发团队一起办公

在很多公司，客服部门一般很少跟业务部门打交道。客服部门在工作中收集的用户反馈意见，通常只是定期被汇总成一份报表，发送至相关的业务部门就完成任务了。这种行业通行做法，显然达不到小米"和用户交朋友"的服务要求。

在小米，产品研发团队的工程师、设计师、产品经理尚且要经常直接跟用户沟通，何况是客服人员呢？如果客服人员不同业务部门、研发团队进行沟通，那么研发团队就没法在第一时间得到用户的反馈意见，并且客服人员也无法第一时间帮用户解决问题。

所以，小米坚持把客服部门和研发团队放在一起办公。当某类产品的问题反馈意见突然激增时，客服人员就可以迅速地找到相关产品的负责人，在第一时间帮用户找到解决办法。这样的服务才符合小米互联网思维七字诀中的"快"的要求。

3. 好的工作环境塑造好的服务心态

客服人员也是人，也会受到工作环境的直接影响。小米有一个管理经验，一个网点服务得好不好，通过查看其内库的环境就可以知道。内库是存放售后维修的内部备件的库房，通常内库是简陋而凌乱，与装修高端、大气、上档次的公司服务中心前台形成鲜明的对比。小米之家一开始也是这样，但后来在实践中发现，员工天天看到内库的凌乱环境之后，对服务工作的态度就会变得敷衍。

于是，小米对整个服务体系，包括小米之家的后台、内库、员工环境进行了升级，把这些用户看不到但员工看得到的地方，变得和小米之家的门店一样美观。小米还让员工每天上班时统一换上充满青春气息的小米T恤或者外衣。

在这样的环境中工作，客服人员的心态就会自然而然地发生变化。他们去内库拿东西或休息时，看到的是漂亮的柜子、绿色植物、咖啡机和一些精致的摆设，心情就会顿感轻松、愉悦。他们由此变得更加敬业，从而让自己的服务水平配得上小米之家这样舒适、漂亮的环境。大家会自觉维护工作环境，把内库收拾得干净、整洁，把办公卡位收拾得整齐。

小米联合创始人黎万强在谈论服务问题时有一句话："你给员工提供怎样的办公环境，他就会回报你怎样的工作成果。员工从公司对自己的服务中体会到的感受，将直接反馈到员工对用户的服务态度当中。"小米正是在这种很多企业不注意的细节上打造并升级自己的服务体系，才塑造出了让用户宾至如归的小米之家。

（1）小米没有止步于标准服务，而是主张为用户提供人性化的非标准化服务，要求员工掌握标准答案之后能灵活应对具体问题，跟用户"说人话"。

（2）小米把客服部门和研发团队放在一起办公，以便迅速地找到相关产品的负责人，帮用户解决问题。

（3）小米用心营造好的工作环境，为的是塑造全体员工的真诚服务态度。

第5章
▼

互联网思维：打造用户共创的品牌生态

- ◆ 雷军的互联网思维七字诀
- ◆ 互联网上唯口碑好者生存
- ◆ 永远离用户更近一点
- ◆ 让用户获得更多的参与感
- ◆ 激活并留住用户，变流量为销量

雷军的互联网思维七字诀

　　雷军的互联网思维中有个关键词叫"极致"，这使得小米在产品研发和设计上一直不留余地地追求最优解。比如，在指纹解锁技术发展成熟之前，苹果的滑动解锁技术是那个时代最好的方案，小米打算在这方面挑战这个业内巅峰，找到一个新的最优解。

　　可是，小米研发团队绞尽脑汁地想出了652种解锁方案，却发现还是无法超越苹果的滑动解锁。这让大家一度感到非常沮丧。经过反复研究，小米团队明白了一个道理：最优解本身并不在于产品的性能指标，而在于如何用更简化或更集成的方案满足用户的需求。

　　打开思路之后，小米团队会先解构用户复杂多样的需求，再重新把这些需求结构化，用完备而可扩展的功能体系来满足用户。小米MIUI系统据此做出了"百变主题"方案，让每个用户都能轻松地制作专属自己的系统界面，由此成为安卓生态中的系统个性化领域的最优解。

雷军的互联网思维，是小米营销方法论的核心内容之一。雷军曾经总结过两版互联网思维七字诀。第一版互联网思维七字诀的关键词是：互联、全天候、快捷。第二版互联网思维七字诀的关键词是：专注、极致、口碑、快。第二版从诞生至今，一直是小米公司发展的指导思想。七字诀只是一个高度凝练的概括，要想弄清小米如何盘活粉丝经济，就要先了解雷军互联网思维七字诀的具体内容。

1. 专注

所谓专注，就是把有限的资源投入到主要业务线上，以便确保形成最大的合力，打造足够优秀的产品和服务。雷军总结了专注的四个核心命题：

（1）清晰的使命、愿景。

（2）深刻的洞察力，了解行业，了解用户需求，找到机会。

（3）明确而坚定的目标以及与之匹配的能力。

（4）克制贪婪，少就是多。

所谓清晰的使命、愿景，就是指公司应该明确业务的边界在哪里。小米的使命是"始终坚持做感动人心、价格厚道的好产品，让全球每个人都能享受科技带来的美好生活"。小米的愿景是"和用户交朋友，做用户心中最酷的公司"。

公司决策者在明确了企业的使命和愿景之后，就要用深刻的洞察力来判明业务方向，制订并执行目标计划。对于这一点，小米不难做到，难的是"克制贪婪，少就是多"。

雷军说的"克制贪婪"，指的是无论做什么产品业务，都要专注于必要的"最小切口"，一开始尽量将主要合力聚焦到一起，解决用户一个最迫切的需求。"少就是多"的意思是决定不做什么，砍掉多余的产品版本，用尽量少的产品满足用户最关注的要求。

也许有人会有疑问，如今的小米产品线众多，而且还在不断扩张新业务，这是不是与保持专注的原则背道而驰呢？

其实二者并不矛盾。小米始终坚持专注的目标，没有脱离企业的愿景和使命来开展业务。小米虽然拓展了许多生态链企业，但主业一直是聚焦的，每一项新业务的拓展都是以前一阶段的业务为基础的。我们可以从以下四个方面来考察业务拓展是否违背了专注原则：

（1）新业务是否符合公司的使命、愿景与战略？

（2）新业务能否与公司核心业务形成显著的强协同作用并形成闭环？

（3）新业务能否为用户提供一致性的价值与体验？

（4）公司的资源是否支持新业务的开展？

对照以上四个标准，我们能清楚地看出企业新业务究竟是对目标的专注与深耕，还是对目标的背离和歪曲。

为了更好地落实专注原则，小米要求每个员工对每一项业务要扪心自问三个问题：

（1）我的业务增长为公司核心战略贡献了什么价值？

（2）我的业务增长是否带动了公司包括核心业务在内的其他业务

持续连带的增长？

（3）我的业务消耗公司哪些资源？

当然，专注原则不是把大家限定在某个有限目标，小米倡导的专注是在核心方向一致的前提下，保留适当的弹性，以免扼杀员工创新的空间与活力。

2. 极致

雷军定义的"极致"有两重含义：一方面是心智上的无限投入，不遗余力地争取最好；另一方面是无限地追求最优解，认知触达行业和用户需求的本质。

小米追求的极致，指的是在自己专注的核心领域和方向，始终坚持更高的标准，力争达到更严的要求。小米研发团队有一颗不妥协的心，对不完美不妥协，发现一切丑陋的、难用的产品和服务细节时，都要抱着巨大的热情和责任心去改变它。

雷军相信，极致不是天才的专属，而是通过持续地改变来实现的。小米研发团队经常挑战极限，打造极致的产品（爆品）。产品的性能要惊艳，设计要惊艳，成本也要给用户惊喜，这样才能超出用户的预期。

为此，小米人无限追求每个发展阶段的产品最优解，为每个时期的用户带来最大化的价值。正是追求极致的作风打造了小米的爆品战略工程。小米人也因此获得了巨大的荣誉感和创新活力。

当然，追求极致不能变成自我感动，追求最优解不能华而不实，一切要坚持以用户需求为中心。自我标榜的极致不是真极致，只有令用户高度满意的极致，才是小米想要的最优解。

3. 口碑

关于口碑，我们将在下一节详细说明，此处不再赘述。

4. 快

小米官网的小米文化一栏有一句誓词："小米有勇气、有决心、有毅力推动一场深刻的商业效率革命。"效率革命的核心就是一种"快的能力"。

雷军互联网思维七字诀中把"快"归纳为四点：洞察快、响应快、决策快、改善快。

（1）洞察快。

所谓洞察快，借用古人的说法就是指"洞察先机"，也就是比所有竞争对手更快地看清市场变化趋势、行业发展方向、用户的需求和痛点。在移动互联网时代，产品的迭代速度越来越快，新技术的发展速度越来越快，行业的洗牌速度越来越快。一个公司如果不能洞察先机，早早看清未来市场的大局，那么公司的战略很可能会滞后于形势发展。

（2）响应快。

所谓响应快，就是在洞察问题之后，公司做出响应的速度比其他竞争对手更快一步。比如，用户提出了产品改进意见或者服务投诉意见之后，公司在收到用户反馈后能马上去改进，很快地给用户一个满意的答复。这一点决定了公司在用户中的口碑如何。响应一步慢，发展步步慢。

（3）决策快。

决策效率对企业来说是一种持续进阶的素养。决策效率低的公司，迟迟不能明确发展战略，核心业务的推进就会困难。有的公司研发一款新产品只需要一年，抓住了市场的风口。而你的决策慢，两年时间了还在那里犹豫不决。等你的产品上市时，原先的风口早就过了。竞争对手公司的新产品又跟着新风口大赚一笔，而你还在犹豫不决中投入各种成本。

（4）改善快。

在很多时候，用户不是怕产品有缺点，而是怕你不能做到快速沟通、快速反馈、快速修正。无论怎样狠抓，公司的产品和服务都不可能完美无缺，总有需要改善的地方会被用户挑刺。用户对品牌的信任，首先来自产品本身，其次来自公司改善问题的速度。小米之所以能在用户中保持好口碑，与其自身改善问题快是分不开的。

"快"是互联网思维的核心要素之一，它意味着公司的成长效率很高，能获得更低的机会成本，具备更快的试错和纠错速度，以及更强的创新能力，更好的行业适应性。毫不夸张地说，足够"快"的公司在移动互联网时代才有坚韧的生命力。

（1）雷军第一版互联网思维七字诀是：互联、全天候、快捷。第二版互联网思维七字诀是：专注、极致、口碑、快。

（2）专注：有清晰的使命、愿景；深刻洞察行业和用户的需求；有明确而坚定的目标以及与之相配的能力；克制贪婪，少就是多。

（3）极致：不遗余力地追求最优解，认识和触及行业和用户需求的本质。

（4）口碑：用户口碑是所有产品成功的关键因素之一，只有超出用户预期的产品才能带来好口碑。

（5）快：快是一种持续进阶成长的素养，其意义在于企业或业务本身的成长效率，以及用户价值的提升预期和速率。

互联网上唯口碑好者生存

2021年，向来重视维护口碑的小米遭遇了一场口碑危机。究其原因，小米在拓展客户群体的时候犯了"刻舟求剑"的错误。

这一年，小米发布了一款针对高端商务人群的新款手机——小米MIX FOLD。这是第一款万元级别的手机，也是第一款量产的折叠屏手机。MIUI系统研发团队花了很多心思来优化这款手机的专项体验。

这种想法虽好，但相关团队短时间内还无法把新功能打磨得足够精细。于是，团队按照以往跟"米粉"相处的经验，先在发布会上宣传新功能，等手机上市后再通过OTA（Over-the-Air Technology，空中下载技术）升级的方式实现这项功能。

然而，这些高端商务用户并非手机发烧友，无法接受发布会承诺的功能还要等一等才能用这件事，纷纷投诉。MIUI系统研发团队不得不进行反思，并制订整改计划。

小米营销模式高度依赖互联网的口碑，并把用户口碑视为一切产品成功的关键因素之一。像上述案例中引发商务用户的大面积投诉，是小米公司发展史上不多见的挫折之一。MIUI 系统研发团队痛定思痛，主动反思并积极整改，解决了新用户群体对小米的信任危机。不过，我们更应该力争从源头减少此类错误的发生。为此，我们有必要深入了解一下小米互联网七字诀中的"口碑"。

1. 口碑是衡量产品和服务的终极标准

在小米营销方法中，口碑既是产品策略，也是业绩增长策略。在小米看来，口碑是公司发展中放在第一位的因素，产品销量和公司利润是口碑结出的果实。

市场上常有"叫好不叫座"的产品和"叫座不叫好"的产品。前者的口碑看似很好，但并没有真正转化成实实在在的经济效益。公司没有得到市场的正面反馈，反而因此陷入困顿。这条失败之路，小米肯定是不会走的。后者的口碑很不好，但是销量和利润很可观。对于不少企业来说，能做出这种赚大钱的产品就已经很满足了。然而，小米决心打造"感动人心、价格厚道"的产品，而没有选择一条急功近利的道路。

对于小米来说，口碑是衡量产品和服务如何的终极标准，即"叫好又叫座"的才叫爆品。也许有些新产品刚上市时只有口碑，但销量一时达不到预期水平。没关系，真正的好口碑能打动人心，让用户自愿去帮企业宣传。

产品的好口碑一旦形成，就能在朋友圈、熟人的推荐单、网络达人的推荐榜里自动宣传，产生裂变式的影响力，由此产生的流量就会自动转化为可观的销量。小米多年做爆品、做服务的宝贵经验一再证明，好口碑的红利虽迟但到。

2. 好口碑是怎样产生的

其实，好口碑产生的基础很简单，第一步就是真诚地与用户交朋友。与用户交朋友是为了更充分地倾听他们的意见，深入了解他们的需求，然后为他们提供超出预期的产品或服务。

所谓口碑，就是用户对产品或服务使用体验的感受。用户感受好了就给好评，感受不好就给差评。世上没有绝对零差评的产品或服务，用户的评价也可能有失公允。从短期、微观的角度来看，产品或服务的口碑有可能存在局部失真的情况，让本来不错的产品或服务陷入舆论危机。但是，从长期、宏观的角度来看，多数人对某款产品或服务形成的口碑一定是较客观的。

小米的一贯理念是：用户的口碑评价永远是对的。哪怕你已经精益求精、极为用心，还是不能让用户给予你的产品或服务好评，说明你的产品或服务相较于它的定价不如用户的预期高。

用户预期是一个相对值。每一位用户在购买产品或服务时，都有一个相对于同类产品或服务价值平均表现的心理预期。这个心理预期可能低于或高于具体某产品或服务的绝对价值。无论怎样，只要你的产品或服务超出用户的心理预期，保持对同行的显著比较优势，你就能从用户那里赢得出众的口碑。

3.口碑的阈值不是一成不变的

维护用户口碑不是一劳永逸的，因为用户口碑的阈值不是一成不变的。如果人人都像MIUI系统研发团队当初那样以老眼光看待新用户，以旧经验处理新问题，就很容易酿成用户对产品或服务的满意度和推荐度急剧下滑的危机。

舆论如同互联网中的风浪，可能夹杂着致命的漩涡。用户的评价标准一直在变化，而企业在市场竞争中面对的形势也在不断地变化，因此很多企业口碑一夜下滑的惨案屡见不鲜。对于信奉"口碑第一"的小米团队而言，这是不能容忍的。

我们应当清楚地看到，口碑阈值会随着用户的消费需求升级而上升，行业的整体变动也会让用户的口碑阈值突然飙升。对此，没有任何捷径，唯一的办法就是不断地给用户提供更好的产品或服务，让我们的进步速度始终领先于用户口碑阈值的上升速度。所以，团队一定要在平时注意及时洞察用户的需求变化，持续跟踪和分析口碑的变化。飓风起于青萍之末，祸患积于忽微之间。因此，我们不要放过任何一点口碑下滑的细微征兆。

4．品牌建设对口碑的意义

口碑像流动的水，一直处于流动状态。企业要想保住好口碑为公司创造的价值，离不开系统性的品牌建设，这也是一家企业最核心的顶层逻辑之一。

按照小米的定义，所谓品牌，就是用户对一家公司提供的产品、服务、渠道、传播等全流程体验的综合认知。品牌的美誉度就是用户信任度不断积累的成果，而用户对品牌的信任度恰恰源于超预期体验带来的好口碑。

小米早期的品牌建设做到了"三位一体"：公司团队都是智能产品的超级发烧友，产品是追求极致的发烧级旗舰产品，用户也是一群智能产品的发烧友。小米团队与早期主要用户群体形成了一种发烧友之间的惺惺相惜的关系。这个阶段的品牌很容易产生和保持好的口碑。

然而，随着时间的推移，小米的目标用户群体从发烧友扩展为大众用户和高端人群，原有的"三位一体"品牌建设架构就不再适应新形势了。于是，小米从2019年开始对集团品牌体系进行了系统的梳理和升级，从品牌层面完成了小米和Redmi的拆分。两个品牌各自聚焦于不同的用户群体，专注于开发不同的市场。

此外，小米还在2021年发布了全新的小米标识，成立了小米集团品牌管理委员会，建立了品牌主张、产品定义、目标用户"三位一体"的管理体系。通过这一系列措施，小米集团所有部门都统一了思想和行动，更高效地为用户提供超出预期的价值，持续积累和强化用户口碑。这让口碑彻底转化为小米的品牌影响力，并进一步推动了产品销量和利润的增长。

（1）在移动互联网时代，用户主要根据口碑来挑选产品和服务，我们应该了解好口碑产生的原理。

（2）小米营销历来把口碑放在第一位，好口碑是衡量产品和服务的终极标准，也是产品和业务产生良性循环的重要条件。

（3）口碑的阈值不是一成不变的，会随着用户需求升级和行业整体变动而不断提升。

（4）系统性的品牌建设是口碑的沉淀固化器。

永远离用户更近一点

　　小米为了贴近用户，产品的需求、测试和发布都对用户开放。MIUI系统有很多功能的设计与开发，都是由用户讨论和投票来决定的。到了每周星期二，工程师会汇总用户提交的四格体验报告，弄清用户最喜欢哪些上周发布的功能，对哪些功能体验不佳。

　　小米还为此设定了"橙色星期五"。在每个星期五的下午，公司会用一桶"爆米花"来奖励那些得到用户投票最高的产品功能的开发者。获奖的员工会把爆米花捧在手里在办公室里走一圈，以彰显自己被用户好评的荣誉。

　　与此同时，小米还会给本周表现不佳、影响用户体验的员工发一个"猪头奖"（一个绿色的毛绒猪头靠垫）。"猪头奖"将在该员工的椅子上放置一周，以此鞭策他"知耻而后勇"。由于所有的评价机制通通来自用户，不管是产品经理还是工程师，都要打起十二

分的精神，竭尽全力地为用户做好产品或服务。

这个案例生动地诠释了小米永远贴近用户，坚持和用户做朋友的企业文化。雷军在创办小米时就公开反对"把用户当上帝"的说法。小米的主张是把用户当成自己的好朋友，像帮朋友解决问题一样热心地为用户服务。很多人认为，小米的"和用户交朋友"是粉丝经济的理念。其实，这是一个误解。

小米非常善于经营粉丝（"米粉"），但任何一个面向大众消费的品牌都不可能只做粉丝小圈子的生意。小米的"和用户交朋友"其实就是互联网思维指导下的"群众路线"。只不过新时代的群众喜欢在互联网上冲浪、购物，所以小米才以互联网思维跟"在线的群众"打交道。

小米集团能有今天的成就，一切依靠用户。那么，小米是怎样从用户中来，到用户中去的呢？

1. 向用户展示你的最大诚意

小米和用户交朋友的最终目的，是把产品和服务卖给用户。既然把用户当朋友，就不能要小聪明。小米不需要把稻草卖成金条的"营销大师"，而是希望用合理的利润来赢得用户的信任与市场的欢迎。老话说得好，"买卖不成仁义在"。小米的营销理念是既要仁义常在，又要把买卖做成。要想做到这点，就要向用户展示你最大的诚意。

一家企业的诚意体现在哪里？雷军给出的答案是八个字："感动人心，价格厚道。"

小米官网对这八个字有一段精彩的论述："'感动人心，价格厚道'这八个字是一体两面、密不可分的整体，远超用户预期的极致产品，还能做到'价格厚道'，才能真正'感动人心'。"

所谓"感动人心"，换个说法就是产品好用、好看，让用户感到惊喜。如果产品本身的品质不够硬，那么再低的价格也无人问津。所谓"价格厚道"，就是要在同类产品中实现最高性价比。"感动人心"和"价格厚道"是一体两面的关系，并不容易做到。但没有人会反感又好又便宜的"双高（高品质、高性价比）"产品。只要你做到了，用户就能感受到你最大的诚意，从而把你的产品买成热卖榜上的爆品。

2. 和用户交朋友的两大法宝

只要做好两件事，你就能和用户交朋友。第一件事是倾听用户的意见，第二件事是从行动上尊重用户。这两件事说起来容易做起来难。

要想学会倾听用户的意见，就需做到三点：摆正态度，用好沟通工具，以及抽出时间耐心地与用户沟通。

摆正态度，其实就是放下身段，真正跟用户进行平等的对话。小米上至全体合伙人，下至产品经理、工程师、设计师，都要克服自己的傲慢心态，以谦虚的态度对待用户。用户可能不如你懂产品，但他们肯定清楚自己需要什么样的产品。在这一点上，你肯定不比用户本身更"专业"。不要替用户做决定，要倾听用户的意见，哪怕是用户尖锐的批评。

在过去，企业缺乏有效的沟通工具，只能用小本子和大表格把用户的资料记录下来，被动地等着用户打电话来反馈意见，或者是由员工主动上门走访用户以了解情况。虽然这个态度是好的，但效率太低了。随着QQ、微信、微博等社交媒体的崛起，我们跟用户的沟通变得空前便利，双方很容易做到随时取得联系。

小米从创业初期就硬性规定公司全员在社区论坛和微博上直面用户，随时倾听用户的意见和建议，甚至在一些开发项目中邀请用户来开会讨论产品的设计环节。起初，很多员工担心自己每天浪费时间跟用户沟通会耽误工作。但在雷军等高管的带头示范下，大家渐渐明白平时花一点点时间跟用户沟通，可以让产品研发少走弯路，不走错路，最终反而节省了大量用来纠正错误的时间和精力。

从行动上尊重用户，就是要在听取用户的意见后积极开展行动。用户的需求是最好的方向，只要你能弄清楚用户想要的产品并进行设计，就能把用户的产品体验改善到一个全新的境界。可是，如果你听完用户的意见之后毫无行动，那么用户就会对你感到失望，这样公司的口碑就要被毁了。

小米要求全体员工跟用户交流时要积极反馈，一旦确认用户提出的意见很有价值，就马上组织力量着手改进。要让用户看到你是真把他们的意见听进去了，并且真正地在着手解决他们的顾虑。这样用户才会对公司品牌产生归属感，对参与公司组织的活动更有积极性，在购买你公司的产品时才会更放心，并愿意自发地充当品牌的传播者。

3. 利用新媒体与用户高效沟通

新媒体的出现引发了沟通方式和传播方式的彻底革命。在移动互联网的加持下，新媒体让每个用户可以随时随地进行高效沟通，让人与人之间建立更为紧密的联系。此外，新媒体又是移动互联网时代最有力的传播平台。很多消息还没上电视新闻，已经在新媒体平台传得人尽皆知了。

小米"铁人三项"中的"互联网"，很大程度上就是靠新媒体工具实现的。也正是新媒体的崛起，让雷军互联网七字诀"专注、极致、口碑、快"从理想变成了现实。所以，小米极其重视新媒体营销，并将其视为与用户交朋友的最佳手段。

用好新媒体工具是一门学问。你要亲自使用新媒体账号发布内容，与用户直接沟通。你要说话水平高，发布的内容既有用又有趣，跟用户的互动氛围要好，就能为自己和公司品牌积攒人气，强化口碑传播的效果。

但是，有的人缺乏经验或者意识不到位，不小心说错话，就可能惹上麻烦，引发舆论风暴和公关危机。无论你在公司是否身居高位，是否技术过硬，在互联网上犯错时都会被网友批评。尽管如此，小米依然鼓励大家去直面用户，去坚守新媒体阵地，做到知错就改，吃一堑长一智，用诚意和行动加深用户对小米的信赖。

这种指导思想也让小米高层团队成为极少数能在入驻抖音平台后人气暴涨，而没被骂到关闭账号的名企高管IP品牌矩阵。

4. 永远离用户更近一点

随着电商直播的兴起，小米也开始尝试通过直播间来跟更多用户直接交流。2020年，雷军开始了自己的首次电商直播，直播间累计观看人数达到了5053万人。他在直播中分享了自己创业十年的一些小故事，还点评了自己最喜欢的20多款公司的产品。用户感觉这场直播很有意思，当天小米的总销售额竟然达到了2.1亿元。

互联网让信息沟通越来越便利，但这并不意味着经常沟通的人与人之间真能建立紧密的情感纽带。小米的理念是永远离用户更近一点，永远在寻找更好的触达用户心灵的沟通方式。用户喜欢用哪个新媒体平台，小米人就去哪里跟用户交朋友。

用一个社交账号跟用户聊天不难，难的是十几年如一日地跟用户打成一片，难的是对待用户像朋友一样真诚以待，一起发现问题，共同解决问题。小米还通过与用户一起参与活动，一起在米粉家宴玩闹，让用户对小米产生了亲近感与高度的信任。用户的信任正是小米营销模式赖以成功的力量之源。

（1）粉丝经济是一种商业行为，"和用户交朋友"则是互联网思维指导下的"群众路线"。

（2）和用户交朋友的诚意体现在八个字：感动人心，价格厚道。

（3）抽出时间来跟用户保持良好的沟通，倾听用户的意见，才能不走错路，少走弯路。

（4）如果听完了用户的意见而没采取行动，就是不尊重用户。

（5）主动拥抱各种新平台、新工具，用户在哪里，小米就去哪里跟用户交朋友。

让用户获得更多的参与感

2013年9月5日，小米手机3发布。小米联合创始人黎万强为了让用户更全面地了解这款新产品的优异性能，就在小米论坛上推出了"智勇大冲关"的答题活动。

该活动的规则很简单，就是小米团队每次随机从题库中选出10道跟小米手机3相关的选择题给用户。比如，小米手机3的摄像头是什么样的，尺寸是多大，蓝牙4.0的传输距离是多少。

一般的活动都会把问题设定得很简单。但黎万强反其道而行之，不仅提高了游戏难度，还把"智勇大冲关"活动设计成小米社区用户的社区任务。用户一登录社区，系统就会提示他今天有个新任务还没做。结果，很多"米粉"由于不太了解小米手机3，凭感觉来猜答案，结果得分都不高。

"米粉"大多是资深的社区用户，这个任务的挫败感激发了他们的好奇心。由于"智勇大闯关"的题库有几百道题，用户每次遇到的10个问题都不尽相同。这就促使他们更积极地去了解小米手机3的相关知识。据黎万强统计，这个活动有2100多万人次参与，有超过200万的用户，相当于每个用户平均会答题10次以上。小米手机3的影响力也随着活动得到了有力的传播。

黎万强曾写过一本名为《参与感》的书，讲述小米营销方法。其核心观点是："互联网思维的核心是口碑为王，口碑的本质是用户思维，就是让用户有参与感。"

他组织的"智勇大闯关"答题活动，运用的正是"参与感"的原理。通过让用户积极参与答题闯关活动，让小米手机3的口碑在社会化媒体上快速引爆。

小米之所以重视用户的"参与感"，是因为意识到用户选择产品的决策心理发生了重大变化。如今的用户越来越重视消费体验。谁能给他们更好的体验，他们就会购买那个品牌的产品。为了让用户有更全面、深入的体验，小米大胆地采取了全新的"参与式消费"。

用户从一开始就参与到小米产品的研发过程中。小米产品经理、工程师、设计师甚至合伙人、CEO都与用户进行直接的交流，了解用户的反馈意见，甚至邀请用户来公司开会讨论产品，使用户成为市场运营的参与者。"参与式消费"满足了用户希望体验一件好产品诞生的全过程的心态，为小米爆品的口碑营销打下了坚实的基础。

1. "参与感三三法则"之三个战略

小米构建参与感的基本思路，就是把公司的生产、服务、营销过程统统向用户开放，让他们参与进来。这样的品牌对用户来说是一个可触碰的、可拥有的、能和自己共同成长的品牌，用户对该品牌的信赖程度自然与一般的品牌不同。

为了让用户获得更多参与感，黎万强总结出三个战略和三个战术。这套营销方法被小米公司内部称为"参与感三三法则"。

小米的三个战略分别是：做爆品，做粉丝，做自媒体。我们接下来将对其逐个进行解读。

（1）产品战略：做爆品。

关于小米的爆品战略，前面已经多有论述，在此我们只需要明白，公司在产品规划阶段要有魄力，专注做该品类市场中第一好的产品。产品线要聚焦力量，形成规模效应。如果资源太分散，就不利于打造爆品，同时还会极大地降低用户的参与感。

（2）用户战略：做粉丝。

增加用户参与感的目的，是把对我们还不够信任的用户转化为对品牌忠诚度很高的用户。做粉丝的战略，首先要让员工成为产品品牌的粉丝，真正有热情去完成公司的愿景和使命；其次要让用户获益，通过功能、信息的共享等方式对用户进行利益激励，使用户变成品牌的粉丝；最后要让公司和用户都能在互动中获得荣誉和利益，唯有如此，用户的参与感才能保持下去，继而从普通粉丝成为品牌的"真爱粉"。

（3）内容战略：做自媒体。

在新媒体风行的今天，做自媒体能让公司自身成为互联网的一个信息节点。这样做会让信息传播速度更快，提高口碑的传播速度和影响力。由于信息传播的结构趋于扁平化，公司内部组织结构也要扁平化，以便更加快速、灵活地适应瞬息万变的自媒体大环境。

小米鼓励每一位员工、每一位用户都成为"小米产品的代言人"。做自媒体内容运营时要有的放矢，只发有用的信息，避免因信息过载而浪费大家宝贵的注意力和专注力。我们可以依照"有用、情感和互动"的思路来输出原创内容，每一个内容都要用个性化的方式输出情感，然后积极引导用户参与互动，主动分享并扩散，形成信息的裂变式传播。

2. "参与感三三法则"之三个战术

与"参与感三三法则"三个战略相配套的三个战术分别是：开放参与节点，设计互动方式，以及扩散口碑事件。

（1）开放参与节点。

传统的公司并不喜欢对用户开放。小米则从一开始就把做产品、做服务、做品牌、做销售的过程对"米粉"开放，并从中筛选出让公司和用户双方获益的参与节点。开放的节点应该是基于功能需求，节点越是"刚需"，有兴趣参与的用户就越多。值得注意的是，不要开放用户根本不在意的节点。否则，不仅无法为用户带来参与感，还会让他们觉得你的开放毫无诚意，导致双方的深入互动无法持续。

（2）设计互动方式。

在确定开放节点之后，我们可以依照"简单、获益、有趣和真实"的设计思路来设计互动方式，提高用户的参与积极性。同时，互动方式要像做产品一样持续改进。参与互动的方式一定要简单、易行，如前面提到的"智勇大闯关"答题活动，就可以让用户轻松完成。所谓获益，就是让用户真正得到一些小小的收益，可以是奖品，也可以是其他令人高兴的事物。互动一定要有趣，如小米高管在小米家宴中会跟年轻的用户玩到一起，充分了解用户爱玩什么，他们就安排相应的互动环节。互动的真实性体现的是公司的真诚，收获的是用户的信任。

（3）扩散口碑事件。

小米经常筛选出第一批最认可自身产品的用户，在小范围发酵参与感，然后把由互动产生的内容打造成一个可传播的话题，让口碑产生裂变式传播。口碑传播会影响千千万万的人参与讨论，让事件进一步发酵。事件上了热搜之后，就会放大参与用户的成就感，让用户更加乐于传播信息。

扩散口碑事件有两种有效的途径。第一种是在开放的产品内部植入鼓励用户分享的机制，激励用户为提升自己账号流量而分享，顺势为公司引来了更多的流量。第二种是由公司官方从和用户互动的过程中发现话题，并拿来做深度事件的传播。

有的公司学小米的参与感三战术，效果却不甚理想。究其原因，他们的主要问题在于只照搬三战术，而没吃透三战略。特别是其产品达不到小米爆品的战略高度，其对粉丝的经营也不如小米用心。没有爆品和粉丝做支撑，一个公司做自媒体就成了空架子，自然无法复制小米营销方法的成功。

要点提炼·

（1）互联网思维的核心是口碑为王，口碑的本质是用户思维，就是让用户有参与感。

（2）小米的"参与感三三法则"，即三个战略和三个战术。其中，三个战略指的是做爆品、做粉丝、做自媒体；而三个战术，指的是开放参与节点、设计互动方式，以及扩散口碑事件。

激活并留住用户，变流量为销量

　　小米从创业之初就高度重视互联网渠道和经营粉丝。到公司成立两周年的时候，原本只针对手机发烧友的MIUI论坛也发生了很大变化。随着普通用户的不断涌入，MIUI论坛也渐渐成为一个超越地域限制的熟人社区。大家根据不同的兴趣、爱好在不同板块互动，让MIUI论坛保持着很高的活跃度。

　　为了更好地庆祝公司成立两周年的纪念日，小米市场团队想搞一个别开生面的庆祝活动。大家开会到深夜，最终决定组织一场"米粉节"活动，邀请"米粉"来公司一起玩。于是，大家把会场布置成夜店风格，让公司创始人和"米粉"一起参与现场DJ派对，用热烈的摇滚来尽情狂欢。

　　小米还当场直播10万部小米电信合约机的开放购买。大屏幕上的销售数字在短暂停滞后开始快速滚动，最终，在6分05秒内售完了10万部合约机。

增长粉丝的主要目的就是把流量转化为销量。有些公司官方号看似粉丝很多，实际上大多数粉丝都不会购买该品牌的产品。因此，这样的粉丝再多，也无法转化为品牌的价值。电商行业经常提到一个词叫"转化率"，意思就是购买我方产品的用户占总用户的比例。提高转化率的关键在于激活用户，使其乐于下单我方的产品或服务。

1. 怎样激活用户

激活用户最有效的办法就是让他们快速地体验"爆点"。比如，小米之家在销售平衡车的时候，遇到的最大障碍就是用户担心自己学不会。于是，小米之家专门开辟了一块让用户试玩平衡车的空地，并承诺用户可以10秒钟学会。用户只要试玩体验好，一高兴就会下单。即使他们没有购买平衡车，也会把自己体验到的快乐传递给其他人，从而促进更多的用户来体验和购买。

此外，我们还要对整个激活用户的过程进行数据监控，看看在哪个环节流失的用户较多，就改进哪个环节，降低用户的使用门槛。这也是提高用户激活率的重要手段之一。

2. 如何留存用户

用户留存率也是一项重要的粉丝管理指标。据调查显示，用户留存率每提高5%，利润就可以提高25%~95%。一家公司的大部分利润其实都来自老用户。老用户如果不愿复购你的产品或服务，就说明你在他们眼中已经失去了价值。一旦失去了老客户这个主要的利润来源，那么你的公司在市场上的竞争力就弱了。所以，很多企业总是千方百计地增加"回头客"。

小米留住用户最基本的办法，就是持续地给他们提供超出预期的产品或服务。用户通常不太愿意去尝试一个新的品牌，但他们对自己认可品牌推出的新产品，往往愿意去主动了解一下。

小米做商业生态链的根本原因，就是不断地为用户提供各种超预期的产品，全方位地覆盖他们的日常生活。用户除了买小米手机之外，还可以买各种使用频率较高的其他产品。由于这些产品的使用频率很高，用户在生活的方方面面都很容易感受到小米的存在，从而培养对小米品牌的信任。

小米留存老用户的另一个策略就是病毒式营销。小米团队发现众多老用户喜欢使用小米的产品，也很喜欢向他人推荐。不过，新用户的热度只会持续一段时间。为了延续这种热度，最简单的方式就是搞病毒式营销。

病毒式营销的策略就是不停地制造惊喜，不停地给用户带来额外的正面刺激，形成裂变式传播，让种子用户和被裂变式传播的用户都能获得参与感。裂变式营销的过程大致如下：

裂变海报→裂变文案→好友扫码支持→任务成功提醒→发放奖品链接

在以上的营销过程中，有两个操作要点十分重要。一是，裂变文案一定要有趣，要把裂变式传播带来的"好处"向用户说清楚，这样用户才有动力参与。二是，待任务完成后发放奖品链接时，奖品不仅要给种子用户，还要给被裂变式传播的用户。这样才容易形成裂变式传播，让其他用户能持续制造新的裂变。

3. 用户留存的三个阶段

用户留存可以分为三个阶段，每个阶段的营销侧重点是不同的。

（1）留存初期：建立信任。

用户一开始从产品中得到的价值越大，对公司品牌产生的信任就越多，也就越有可能长期使用该产品。为此，小米致力于打造高科技、高颜值、高性价比的产品，务求在一开始就打动用户，建立用户对品牌的信任感。

（2）留存中期：培养习惯。

用户一开始购买产品也许是为了尝鲜，但在使用产品一段时间后，就会形成一种新的生活习惯，总是想从产品或者服务中获得持续的满足感。公司可以通过超出预期的服务，让用户在良好的体验中慢慢养成习惯，此后下单就习惯成自然了。

（3）留存长期：养成依赖。

到了这个阶段，用户的习惯得以彻底巩固，已经离不开你的产品或服务了。你能给予他们的产品或服务，已经成为他们生活中不可或缺的一部分。为了让用户养成对你的产品或服务的长期依赖,你可以通过让用户办会员卡等方式为其提供更多增值服务,赋予其更多美好的体验。

4. 复活"僵尸用户"的四种办法

有些用户曾经多次买我方的产品,后来却销声匿迹了,这种在营销上被称作"僵尸用户"。他们不再下单的原因有很多,可能是觉得别家的产品更好,也可能是其他的原因。我们只需要找到用户消失的原因,想办法把"僵尸用户"重新唤醒或者请回来,就会极大地提高用户的留存率。通常,复活"僵尸用户"的办法主要有四种:

(1)以旧换新。

很多产品(特别是智能手机等电子产品)的升级迭代很快,因此公司可以通过以旧换新的方式,让用户用自己淘汰的旧产品换取新产品,就能重新把他们拉回来。

(2)产品升级。

软件类产品可以通过软件升级的办法来唤醒"僵尸用户"。这个办法可以延长现有产品的市场寿命。更重要的是,老产品升级能给用户带来新体验,让他们愿意继续使用下去。

(3)回馈老用户。

这一招对老用户的吸引力很大。很多公司针对老用户推出特别优惠活动,让他们享受不一样的特殊待遇,就是为了让他们持续购买新产品。

（4）友好提醒。

很多用户并不是不喜欢我们的产品，而是一时没想起来要更换装备、升级消费。为了排除这种情况，小米会通过一些友好的提醒方式，如生日祝福、好产品优惠等，给用户推送一些有价值的信息服务。这样用户就会想起你给他们带来的美好服务。不过，不要把友好提醒变成骚扰信息。否则，只会让用户忍不住把你拉黑，彻底排斥你公司的产品或服务。

5. 提高复购率

复购指的是用户购买某商品后再次购买该产品或者该品牌的产品。复购率是一个十分重要的指标，它反映了用户对某个品牌的忠诚度。用户不会无缘无故地爱上一个品牌，只有为用户提供更好的服务和更大的品牌影响力，才能让用户愿意复购你的产品或服务。

小米产品的复购率高，主要有两个原因：一是小米产品的品质过硬，性价比很高，因此用户认可品牌的影响力；二是小米依靠口碑积累了大量"米粉"，这些忠实用户不仅自己经常复购小米的产品，还喜欢向周边的亲友推介或赠送小米产品。

总之，假如小米没有留存大量的老用户，没有足够高的复购率，它就不可能发展得那么迅速。

要点提炼·

（1）提高用户转化率是涨粉的目的，无法转化的流量再多也无济于事。

（2）不断给用户制造惊喜，提高用户的留存率。

（3）介绍用户留存的三个阶段，以及如何复活"僵尸用户"。

（4）提高用户的产品复购率。

第6章

▼

沉浸式营销：参与感+ 超预期=胜利

◆ 饥饿营销：让小米一战成名

◆ 口碑营销：用户是最好的产品宣传员

◆ 话题营销：话题是连接品牌与大众的桥梁

◆ 粉丝营销：培养用户的品牌忠诚度

◆ 社会化营销：占领新媒体的主阵地

饥饿营销：让小米一战成名

2011年9月5日，小米1手机正式开放了网络预订通道。两天内预订的手机数量超过了30万部。小米网站很快关闭了这个购买通道。

同年12月18日凌晨，小米开始向普通用户直接销售小米手机，每人限购2部手机，10万库存在短短3小时后就全部卖光。

2012年1月4日下午，仅仅过了两个小时，第二轮上架的10万部小米手机就被抢购一空。

2012年10月10日，小米手机的总销量已经超过500万部。

同年12月，小米总裁雷军在微博宣布，将在每周五开放小米2手机的抢购，而且当天有多少货就出多少货。这个消息又引发了新一轮网络话题度。小米手机这些做法被业内和媒体视为一种饥饿营销行为。

从小米手机1开始，几乎每一款小米手机都需要抢购才能买到。你如果掌握不好抢购的时机，很可能就会空手而归。无论有多少争议，现在一提到饥饿营销，大家首先想到的都是小米。因为饥饿营销让小米刚成立3年的时间，就创造了空前的销售奇迹，为小米成为如今的科技公司巨头打下了坚实的基础。

1. 什么是饥饿营销

按照市场营销学的定义，饥饿营销指的是商品供应者故意调低产量，以此制造供不应求的"假象"，以便维持商品较高的价值和利润率。这种策略能提高产品的附加值，让品牌形象在用户眼中变得更加高大。

饥饿营销之所以有效，是因为它非常符合消费者的从众心理。消费者的购物行为，经常会受到他人的影响。通常，见到市场上热销的商品，人们就纷纷跟风去购买，哪怕有些商品可能并不是他们真正需要的。小米对目标用户的心态可谓了如指掌，把饥饿营销策略发挥到了极致。

小米手机的每一次限时限量营销，都让产品在短时间内被抢购一空。目标用户看到那么多人都在抢购小米新品手机时，就会认为这个产品确实是个好产品。限时限量营销增加了产品的稀缺性和珍贵性，使得某一轮产品的发售很快就抢光了。这样，目标用户就会认为，自己如果下一次再不赶紧下手，就没有机会了。于是，对小米手机感兴趣的目标用户就会迫不及待地参与抢购行动。而这恰恰又增加了抢购潮的话题量，刺激了更多目标用户的购买欲。

2. 关于饥饿营销的争议

然而，从一开始小米的饥饿营销就引发了不少争议。业内的反对人士认为小米的饥饿营销策略是在卖"期货手机"，通过设法拖延出货时间，把属于未来的手机放到现在卖，以便用低价打压对手，吸引公众的注意力。

对此，小米反驳说，有货压着不卖会让成本和风险剧增，还会给目标用户带来不好的体验，是违反商业逻辑的。小米二代手机供货之所以紧张，与手机本身采用尖端技术，以及所有供应商产能都在爬坡和磨合有关。

其实，把视野放宽一些就会发现，饥饿营销并非小米专属。当年，苹果公司在销售iPhone 4S和iPad 2的时候，也通过大搞饥饿营销策略把用户的胃口吊得足足的，实现了惊人的销量。小米的饥饿营销策略与之相通，但不同的是，小米产品的定价比较亲民，且没有采取高价策略。

3. 小米怎样用好饥饿营销策略

小米的饥饿营销策略有一个发展的过程。起初，只有小米论坛用户才能优先购买小米手机，后来改为报名制。每一个想买小米手机的用户都必须提前在小米官网上排号预约，才有购买权。小米还给一些特殊用户发送了邀请码（F码），相当于授予了优先购买权。小米一般在每周的周五之前提前在网上进行预约，让用户获得购买资格，然后在下一周的周二中午12点整开放购买渠道。

用户在抢购当天和此后的一周之内，至少要登录两次小米官网。在访问小米官网的过程中，用户会接触小米商城其他商品的信息。其中，部分用户会顺便挑选一下自己需要的商品。即使用户不看别的商品，也已经为小米官网贡献了访问量。

按照雷军的理念，小米卖出一部手机不是生意的结束，反而是一个生意的开始。小米一直很重视把普通用户发展成"米粉"。"米粉"正是小米营销的根基。无论是最初的饥饿营销，还是小米使用的其他营销手段，一切都是以"米粉"为中心的。

"米粉"对小米的品牌忠诚度很高。他们愿意去抢购小米的新产品，愿意为此付出漫长的等待，都是有前提的。这个前提就是：小米的品牌和产品质量都能超出"米粉"的预期，让他们相信自己的等待是值得的。

值得提醒的是，获得优先购买权的目标用户被吊足了胃口，对小米产品的期望远高于普通用户。结果，他们却发现好不容易拿到手的产品远不如自己想象中的好，就会产生比普通用户更大的怨气。这也是饥饿营销最大的潜在风险。

4. 饥饿营销模式可以复制吗

自从小米的饥饿营销模式大获成功后，不少商家也纷纷开始效仿。不过时至今日，取得同等成就的公司却寥寥无几。究其原因，这些商家缺乏玩转饥饿营销的基础。

一方面，小米的饥饿营销策略建立在精心培育忠实粉丝的基础上。"米粉"与苹果的"果粉"一样，都是各自品牌产品的"发烧友"。饥饿营销对普通用户的吸引力，远不如对粉丝群体的吸引力大。企业如果不能把目标用户培育成品牌忠诚度高的粉丝，就很难把流量真正转化为销量。

另一方面，正是这群"发烧友"始终在督促小米不断升级产品，用心打磨产品的品质。小米致力于打造"让用户尖叫"的价格厚道、品质高的产品，不断提供超出用户预期的服务。而那些产品质量不过硬、服务体验不够好的企业，强行使用饥饿营销策略的结果只能是东施效颦。

企业如果能解决这两个问题，饥饿营销策略仍然是一把互联网时代的营销利器。

（1）饥饿营销被认为是小米营销的法宝，其实它曾经被苹果等著名企业屡次采用。

（2）饥饿营销成功的原理是，通过调低产量制造供不应求的"假象"，以便维持商品较高的售价和利润率，增加产品的附加值。

（3）使用饥饿营销模式的前提是：产品的品牌和质量都能超出用户的预期，让用户确信自己的漫长等待是值得的。

（4）商家跟风使用饥饿营销效果不佳的主要原因有两个：一是缺乏小米用心培育的忠实粉丝基础，二是不能像小米那样提供超出用户预期的价格厚道、品质高的产品。

口碑营销：用户是最好的产品宣传员

案 例 回 顾

　　小米手机1上市后虽然销量火爆，但也引发了一些质疑。有人认为小米搞的是质量很差的"山寨"产品。这些争议对小米的口碑带来了很多负面影响。怎样才能以最快的速度挽回口碑呢？雷军想到了一个出奇制胜的办法。

　　2011年8月19日，雷军穿着自己常穿的深蓝色牛仔裤和带有橙色设计元素的黑色短袖T恤，脚上穿了一双系有橙色鞋带的黑色帆布鞋。他在接受一个小型媒体采访时，有个记者提出了关于小米手机质量的疑问。就在所有人等着雷军回答问题的时候，雷军做了个令人大跌眼镜的举动。

　　雷军走到采访室中间，高高举起小米手机，然后松开手，任由手机落在地板上，电池后盖都被撞飞了。现场工作人员把电池后盖装回手机上，再次开机启动。小米手机依然可以正常工作。在场众人先是被吓了一跳，但很快意识到雷军是在用简单、粗暴的摔跌实验告诉大家——小米手机不是质量低劣的山寨货。至此，小米手机的口碑得到了极大的提升。

雷军通过惊天一摔，成功地挽回了小米手机在用户心中的形象，完成了一次漂亮的口碑营销。

小米坚持做口碑营销，是因为相信用户才是最好的产品宣传员。用户使用你的产品时感觉很好，认为自己得到了很好的服务，他们就会自发地宣传小米的优点，成为该品牌或产品的特殊代言人。小米联合创始人黎万强曾经感慨道："小米一路走下去，如果能够踏踏实实地维护好一两百万的用户，这些用户真的是认可我们，对这个品牌的忠诚度、认可度很高，其实就够了。"事实上，小米就是通过真诚地和"米粉"交朋友，才能让口碑营销从理论变成现实。

口碑营销不是靠吹出来的。雷军说过："口碑的真谛是超预期，只有超预期的东西，大家才会形成口碑。"小米为此形成了一整套口碑营销的方法，其中最核心的内容就是口碑"铁三角"。

1. 小米口碑"铁三角"

小米口碑"铁三角"分别是发动机、加速器、关系链。其中，发动机指产品，加速器指社会化媒体，关系链指用户关系。

好产品是口碑的发动机，是做一切口碑营销的基础。在口碑营销方面努力，相当于在数字后面加一串0。但是，它有个前提，最开头的产品品质是1，这样口碑营销才有意义。试想一下，虽然你的服务非常周到，但是产品质量很糟糕，这样买到你产品的用户只会更加生气，反而觉得你的服务是文过饰非的虚伪行径。

有了好产品，进行口碑营销才有底气。那么，怎样才能让更多人更快地知道好产品的存在呢？这就需要善于利用社会化媒体的力量。社会化媒体是口碑传播的加速器，能把你想推广的产品品牌信息以最高的效率传播出去，形成口碑的裂变式传播。

小米刚开始做MIUI系统的时候没有太多资金做广告推广，于是选择采用口碑营销的策略。小米专心把产品和服务做好，打动"米粉"之后，使他们主动夸小米的产品，主动向身边的人推荐。这就让小米在大众口碑传播领域积蓄了足够的初始势能。

口碑营销的本质上是用户对产品信任的传递。公司建立的用户关系信任度越高，口碑才能传播得越广。做企业就像做人一样，一个人只有赢得朋友的信任之后，朋友才会真心去为你传播、维护你的口碑，因此，朋友关系是信任度最强的用户关系。所以，小米以"全员客服"的方式和用户交朋友，建立了牢固的关系链，为口碑构建了一条畅通无阻的传播渠道。

2. "信息茧房"与口碑验证三原则

做口碑营销时，一定要随时观察和追踪口碑的变化，特别要小心陷入"信息茧房"。随着各个社会化媒体平台推荐算法的普及，你可能会被某一种算法重复推荐同类型的消息，导致你长期听不到其他的声音，视野被局限在一个较为狭小的领域，对外界的整体变化缺乏足够的感知力。这就是陷入"信息茧房"的表现。

由此产生的恶果是，企业会把某些最活跃用户的意见形成的口碑，错当成大多数用户的意见。因为大多数用户往往在社交媒体上是没有话语权的"沉默的大多数"。他们没有办法让自己的反馈被企业看到，被企业重视，但可以胡乱投票，不买该企业的产品，让该企业逐渐在市场中丧失民心。

为了避免"信息茧房"，确保口碑营销不走样，小米总结了口碑验证的三原则：

（1）注重口碑的多路交叉验证。

所谓多路交叉验证口碑，就是从公司CEO到一线基层员工，每个小米人都要参与同用户互动的活动，直接与用户接触，倾听不同用户群体的声音，亲自感受口碑的细微变化。同时，小米的产品团队、市场公关团队、客服售后团队、质量控制团队等对口碑的观察和监控，也要集合、汇总在一起，互相交叉验证。这样，才能避免犯"盲人摸象"式的错误，了解口碑的全貌。

（2）区分不同用户群体对口碑的关注点。

小米的用户群体内部本身也存在差异，可粗略划分为核心用户和大众用户两个群体。因此，在倾听用户的反馈时，一定要注意区分不同用户群对口碑的关注点差异。

核心用户群很多是半个产品专家，对于产品的评价，他们往往能给出比较专业的意见，甚至能为小米爆品的设计提出好建议。也正因为如此，核心用户群对产品的感受跟大众用户群大不相同，他们不能代表后者对产品的印象。我们对核心用户群给出的关于产品的口碑评价，应该重点关注他们对具体产品的具体意见，特别是产品性能好不好，哪些地方需要修正等。

大众用户群往往不具备那么多专业的产品知识，表达意见也往往不如核心用户清晰，表达的内容也比较模糊。但是，这并不意味着大众用户的反馈意见没有价值。要知道，大众用户对品牌的印象才真正代表了市场对品牌的印象。从这个意义上讲，大众用户代表口碑中真正的"主流意见"。为此，企业要多倾听大众用户群体口碑反馈中出现频率很高的意见。只有解决这些令大众用户感到不适、不悦、不满的问题，大众用户才会给企业传播好口碑。

（3）直面真实的口碑。

在口碑营销的过程中，企业总是会遇到一个又一个风浪，像坐过山车一样时而波峰，时而波谷。当口碑出现负向变化的时候，企业一定不要"讳疾忌医"，更不要做"掩耳盗铃"的事情。否则，只会激怒更多大众用户，从而使口碑直线下滑。根据小米的经验，对企业或产品意见很大的人，要么是混淆视听的"水军"，要么是真正的铁杆用户。因此，不能为了排除"水军"而误伤铁杆用户。

对策很简单，勇于直面真实的口碑。正如雷军所说："坦然面对口碑，要做好准备挨最惨的骂，然后做最快的改善动作。其实，态度真诚，改进迅速，也是一种口碑。"

（1）用户是最好的产品宣传员，要主动经营，而不要被动应付。

（2）口碑营销的真谛就是用超预期的体验赢得用户的信任。

（3）小米口碑"铁三角"：发动机（指产品），加速器（指社会化媒体），关系链（指用户关系）。

（4）关注口碑变化，小心陷入口碑失真的"信息茧房"。

（5）小米口碑验证三原则：注重口碑的多路交叉验证，区分不同用户群对口碑的关注点，以及直面真实的口碑。

话题营销：话题是连接品牌与大众的桥梁

2024年，雷军在小米SU7汽车发售之后，仅用了40天就在抖音平台收获了656万粉丝，被网友誉为"爽文大男主"式的企业家（截至2024年6月20日，雷军抖音账号粉丝为2513.7万）。

以小米集团总裁卢伟冰为代表的小米高管团队也集体入驻抖音平台，形成了以雷军为核心、高管为羽翼的"小米天团"企业IP矩阵。这个事件很快成为全网热议的话题。截至2024年5月13日，相关话题"#小米天团集体入驻抖音"累计播放量超6400万。

小米高管们发的抖音视频大多是关于公司产品、活动、日常运营、团队合作之类的内容。高管们经常亲自解答用户关心的问题。比如，雷军通过视频介绍小米SU7汽车和工厂，卢伟冰分享总裁日常工作。

"小米天团"纷纷摈弃了高冷的传统形象，跟用户玩成一片，积极回应"Are You Ok"和"爽文大男主"等网络热梗，受到了用户的好评。

"小米天团集体入驻抖音"属于话题营销的典范，展现了小米高管团队融洽、团结的氛围，确保了流量与产品质量并重，让小米品牌文化变得更加立体、真实，且具有亲和力。这次行动把小米的话题营销策略发展到了一个全新的境界。

话题营销主要是运用媒体的力量把产品或服务变成大众谈论的话题，以达到营销的效果。"小米天团集体入驻抖音"话题营销更多是从IP品牌的角度来运作的，这种营销思路的借鉴难度比较大。还有一种更常见且更有借鉴价值的切入点是产品。小米大多数话题营销都是围绕产品展开的。

1. 好产品自带热点话题

小米营销人员常说："好产品自己会说话。"这句话可以就理解为好产品本身具有很强的话题性。因为小米设计的每一款产品都源自用户的痛点，而用户的痛点本身就是生活中一个令人烦恼的热点话题。生活中的热点话题无处不在。小米每次都会把自己的产品与某个热点话题关联起来，使之成为互联网上的一个热点，从而主动为话题营销创造话题。

比如，夏天最常见的话题之一，就是处处蚊子咬，灭蚊效率不高。网友还用历史人物名字来调侃自己是"擒蚊公（秦文公）""禁蚊公（晋文公）"。同时，传统灭蚊器需要经常更换蚊香片，还要注意关闭开关等，成了用户夏季的痛点。

小米从"灭蚊"这个热点话题捕捉到了用户的痛点，于2018年推出一款灭蚊器。这款灭蚊器不用经常更换蚊香片，一片可以持续使用90天。它可以设定10小时自动断电，不必用户亲手去关闭开关。而且，它用的是干电池，不用插电，想放在哪里就放在哪里。这款新式灭蚊器紧扣"灭蚊"热点，成了一个新的话题，很快受到了用户的青睐。

2. 为"病毒"的话题加入裂变因子

小米把生活话题引起用户的共鸣称之为"病毒"。在设计产品的时候，小米研发团队会把这些"病毒"植入产品中。这样就可以让用户产生共鸣，改变用户对产品的认知。"病毒性"强不强，就是指引发用户共鸣的力度强不强，直接影响了话题的传播力度大不大。

只要我们坚持从用户的痛点出发，找到容易传播的"病毒"式话题，就能轻松说服用户购买相关产品。这种"病毒"式话题很容易形成口碑传播。口碑传播加上良好的产品品质和用户体验，产品的销量自然是攀升的。

为了更好地传播"病毒"式话题，企业可以适当地加入裂变因子，让广大用户参与进来。有了用户的积极参与，才能在互联网上形成快速的裂变效应。如果是通过产品发布会等正式的宣传方式来鼓励用户参与，则效果一般不会太好，因为不够有趣。为此，小米在搞话题营销时会用很多搞笑、娱乐化的视频和段子，让用户自己主动参与进来一起传播话题。

比如，小米公司联合创始人黎万强曾经发过一条微博："（2012年8月）3日至9日，欢迎发挥创意，以#小米盒子兄弟#为原型来PS及创建话题，前20名转发数最多的热门奖送32G的SD卡，论坛投票前5名的无敌作品再奖励手机1台。"

"盒子兄弟"是小米的两位员工，俩人都是看起来很呆萌的胖子，加起来超过了300多斤，在"米粉"圈内有极高的知名度。小米为了证明小米手机2的品质，就让"盒子兄弟"以双人叠罗汉的方式站在小米手机2的包装盒上照相。包装盒的质量过硬，居然没有被两个胖子压坏。

网友被"盒子兄弟"的行为逗乐的同时，也对小米手机的品质有了更直观的认识。于是，这张很有喜感的合影很快成了"米粉"之间流行的"恶搞"素材。黎万强因势利导，干脆就用"小米盒子兄弟"创建了话题。

网友创作了"小米盒子兄弟之龙口脱险""小米盒子兄弟快跑""小米盒子兄弟是男人就下五百层"等"恶搞"图片。这场全民狂欢让小米盒子的话题营销大获成功。之所以能起到这么好的营销效果，就是因为"小米盒子兄弟"那张图片具有"恶搞"的裂变因子。可见，善加利用"恶搞"文化，可以让话题营销的威力如虎添翼。

（1）好产品总是自带热点的，因为它来源于我们生活中的某个热门话题。

（2）话题营销之所以能产生病毒式传播，是因为它能引发广大用户的共鸣。

（3）话题营销需要用户的广泛参与，才会产生裂变效应。互联网的"恶搞"文化是引发话题热度的有力武器。

粉丝营销：培养用户的品牌忠诚度

案例回顾

小米为了跟用户交朋友，成立了"米粉"俱乐部，定期组织线下活动，其中一项重要的活动就是每年年底的小米家宴。每到举办家宴的时候，小米就会邀请很多"米粉"到公司来，在公司食堂坐在一起吃一顿饭。在小米家宴上，所有的小米高管都会出席。

比如，2016年12月31日晚，小米在公司食堂举办了"米粉自家人的饕餮盛宴"。雷军率领小米高层集体到场，为参与小米家宴的"米粉"准备了21道大餐。以下是这21道大餐的菜单：

凉菜："一帆风顺""步步高升""金玉满堂""花开富贵""竹报平安""五彩缤纷"。

热菜："黑科技""去探索""风口的猪""全面屏""一面科技一面艺术""暗夜之眼""年年有余""财源滚滚""碧玉一枝花""福禄双全""阖家欢乐""恭喜发财"。

主食："双曲面""五福临门"。

此外，小米家宴还设置了各种趣味活动，考验"米粉"的脑力和体力，每个环节都可以赢取奖品，让大家一起感受过年般的欢乐。

在每年都会举办的"小米家宴"中，全国各地的"米粉"代表在小米的北京总部欢聚一堂，吃一顿丰盛的大餐，看小米的高管们上台表演节目。大家像朋友一样尽情欢乐。毫不夸张地说，小米家宴是小米文化最重要的组成部分，也是粉丝营销的终极手段。不了解小米的粉丝文化，就不能领悟小米粉丝营销的精髓。

1. "米粉"是粉丝营销的本钱

小米的MIUI发布第一个内测版本时，第一批用户只有100人。当时的小米还是行业的无名之辈，没钱进行营销、推广。这最初的100名用户成了小米最珍贵的种子用户。小米把他们称为"100个梦想的赞助商"，把他们的论坛ID写在了MIUI的第一个正式版本的开机页面上。同时，小米在2013年推出了年度微电影《100个梦想的赞助商》，向种子用户表示感谢和致敬。

正是通过这100个种子用户的口口相传，小米的新用户迎来了迅速增长，截至2014年6月，MIUI用户超过了6000万，粉丝效应的威力由此可见一斑。

MIUI论坛里的活跃用户群体最初没有统一的称号，有的叫"米友"（MIUI的谐音），有的叫"米饭"，后来统称为"米粉"。"米粉"积极参与小米的产品研发和品牌塑造等各个环节，为小米产品说好话，自发地向别人推荐小米产品。

小米内部流传着一句话："因为'米粉'，所以小米。"没有"米粉"十几年如一日的支持，小米公司走不到今天。当然，"米粉"的热情不是凭空出现的。小米秉承"和用户交朋友"的理念，用多种办法管理粉丝，把这股外力变成了自己的内力。

2．小米的粉丝管理策略

以下是小米总结的粉丝管理策略概貌：

（1）小米论坛。

①特点：核心粉丝集中，便于员工直接与粉丝进行一对一的沟通；品牌与用户互动最频繁，利于开展线上、线下的活动；发布信息更新最及时，利于提高用户黏性。

②作用：提供粉丝与品牌畅通对话的平台；为"米粉"提供相互认识的机会；组织"米粉"开展线上、线下活动；直接倾听用户的反馈意见，并沉淀用户。

③措施：公司上下都在小米论坛经常跟用户直接互动，在论坛上定期发布产品最新信息，组织"米粉"线上、线下活动。

（2）微博。

①特点：受众多，用户广，互动性强，利于做一对多的宣传；消息传播速度快，营销效果很突出。

②作用：扩大品牌在公众中的影响力，吸引大众用户，做话题营

销、事件营销、借势营销的最有力平台之一。

③措施：发起微博话题，组织微博转发抽奖，发布微博转发折扣消息，打造IP品牌扩大粉丝群。

（3）微信公众号。

①特点：社交属性强、受众广、用户多，内容更为精准、垂直。

②作用：发布较长的图文、视频信息，充当客服平台。

③措施：后台留言、微信推送、转发福利等。

（4）QQ空间。

①特点：利于一对多互动，用户群体普遍年轻化，在三、四线城市下沉市场使用得较普遍。

②作用：吸引新用户，做事件营销、话题营销，组织三、四线城市的营销活动。

③措施：发起针对下沉市场用户的促销活动。

（5）小米商城。

①特点：功能清晰，客服人性化，参与感好，购物体验舒适。

②作用：线上零售中心，开展线上促销活动，收集产品评价、反馈意见，"米粉"线上聚集地。

③措施：酷玩帮、橙色跑、同城会等。

（6）米粉节。

①特点：一年两次，受众广、规模大，对初级"米粉"的门槛低，促销形式多种多样，活动内容丰富，常有新品推出。

②作用：组织线上、线下结合的促销活动，召集"米粉"聚会，

召开新闻发布会，给每个参与米粉节的用户更多粉丝福利和关注。

③措施：线上促销活动、线下联欢促销活动、产品发布会（特别是新产品首次发布）。

（7）校园俱乐部、技术发烧友活动。

①特点：规模不大，成员以高级"米粉"为主，成员因兴趣相投而聚集，多以校园、地域为基础成立粉丝组织。

②作用：各地区同城会、俱乐部的后备力量，提高粉丝对品牌的忠诚度。

③措施：组织人员去小米公司参观，优先获得小米热销产品的F码特权，优先参加小米公司组织的爆米花、产品发布会、米粉节等一切大型线下活动。

（8）同城会。

①特点：成员大多为比较资深的"米粉"，品牌忠诚度高，能起到以老带新的作用；分布广泛，覆盖全国上百座城市；规模比俱乐部大；经人介绍或通过论坛等渠道加入；部分一线城市的同城会自发成立了粉丝组织；小米总部指导各个同城会的活动形式与主题，给予一部分活动经费。

②作用：发展资深"米粉"，提高"米粉"的品牌忠诚度；提供品牌与各城市用户的交流平台；让资深"米粉"认识更多粉丝，以老带新，壮大社群；满足资深"米粉"更多的高层次要求。

③措施：组织同城会的周年庆典，发起聚餐、游戏、沙龙等活动；开展各种形式的团队建设活动，如组织特邀茶话会、集体旅游；

组织新老同城会的会员见面。

（9）小米家宴。

①特点：一年一次，在小米的北京总部举办，由各地同城会协办；雷军率领公司高层团队出席；提供国宴级菜品，全国"米粉"共同进餐、游戏娱乐；为参与家宴的粉丝提供全程资助（含往返、食宿费用）；主要针对资历老、贡献大的核心"米粉"。

②作用：让核心"米粉"获得最高级别的参与感，充分感受到小米公司上下对他们的尊重。

③措施：雷军亲自下厨、表演节目，现场抽奖、送礼品、娱乐互动，做年度总结。

要点提炼·

（1）粉丝效应的力量很强大，小米的成功离不开粉丝营销。

（2）了解"米粉"这个称呼的由来。

（3）为了培养"米粉"的品牌忠诚度，小米采取了多元化的粉丝管理策略。

社会化营销：占领新媒体的主阵地

案例回顾

　　2011年底，小米第一次通过微博发售小米手机。从那以后，小米团队一直非常重视与各类社会化媒体的合作。此后，新浪微博、QQ空间、腾讯电商、微信等各大顶级社交流量平台，都是小米开展社会化营销的重要合作伙伴。

　　2013年7月3日，小米推出了一款面向普通用户的1000元价位的新手机——红米手机。在发布会的背景板上，写着中国移动、小米、QQ空间三个机构名称。

　　小米之所以选择QQ空间作为社会化营销的合作对象，是因为当时QQ空间的用户群体跟红米手机的用户定位恰好相符。况且，QQ产品养成的付费用户最多，也有很强的消费能力。这场强强联合的社会化营销很成功。仅仅用了3天，QQ空间上已被用户抢到了500万预约资格码，首批发售的10万部红米手机的最终预约人数高达745万。10万部红米手机在开售90秒后就宣告售罄。

小米口碑"铁三角"的加速器就是社会化媒体。通过QQ空间这个社会化媒体平台的影响力，为红米手机的口碑传播提速，是小米社会化营销策略的常用手法。相较于很多企业，小米很少做传统广告，而是热衷于搞社会化营销。后来，这种新营销策略已经被越来越多的公司采用，但营销效果远不如小米。这是为什么呢？

1. 让公司成为自媒体

小米的社会化营销战略的第一步，就是让自己的公司成为自媒体。因为小米最初做的是互联网手机品牌，以互联网为主要销售渠道。

小米敏锐地意识到小米用户在互联网上有"高活跃"的属性，传统的广告、公关等营销手段，吸引用户的能力越来越有限。于是，小米选择了新媒体，通过社会化媒体渠道同用户保持互动。因此，小米手机的销量主要取决于活跃用户对品牌的认可度，而用户的活跃度取决于自媒体的运营水平。

小米做自媒体内容运营的思路是先做服务，再做营销。小米站在用户的角度思考问题，让用户享受到超预期的服务。这样，用户才有动力去关注小米品牌或产品。同时，自媒体有没有人气，取决于内容的质量够不够硬。只要做好了内容，用户就会主动找你，流量也随之上涨。

小米做内容运营讲究三个要素：有用、情感和互动。有用，指不讲废话，为用户提供真正有价值的信息；情感，指的是说人话，以真诚换真诚，引发用户的情感共鸣；互动，指的是要主动引导用户分享扩散内容，引导大家一起传播。假如企业只是一味地搞没有感情的商业信息轰炸，那么用户就会不胜其烦，把企业屏蔽甚至拉黑。

小米做的内容主要是表达自己真实的产品体验，讲自己的痛点，挠自己的痒处。每一个做媒体运营的小米员工都是产品玩家，懂得用户的痛点和痒处，所以懂得怎样"说人话"，展示诚意，释放善意，让用户自觉地信任和亲近小米。

企业不仅要花精力为用户持续提供优质的内容，还要积极发动用户，让用户来生产内容。这样，双方就会在互动中相互激发灵感，碰撞出思维的火花，形成更广泛的传播力量。

2. 小米社会化媒体营销矩阵

小米不赞成找外包公司代为运营公司官方账号的做法，而是坚持搭建自己的社会化媒体营销矩阵。小米强调用产品经理的思维做营销，因为不懂产品的新媒体运营人员是无法向用户介绍清楚产品特点的。

小米的社会化媒体营销矩阵有四个核心通道：论坛、微博、微信和QQ空间。这四个通道各具特色，在小米的社会化营销活动中发挥着不同的作用。

微博和QQ空间的媒体属性最强，适合做一对多的事件传播。微信依托于通讯录的好友关系，适合做一对一的客服平台。论坛的即时性不如微博，却是一个利于沉淀老用户的一对多平台。小米先用论坛沉淀数十万核心用户，然后通过微博、QQ空间扩散产品口碑，用微信巩固与用户的密切关系。这就是小米利用社会化媒体建立口碑的过程。

3. "大心脏选手"才能做好互联网公关危机

"大心脏选手"是一个体育界的术语，特指能在比赛最后时刻保持良好的心理素质并送出绝杀的运动员。做社会化营销，不可避免地会遭遇互联网公关危机。在社交平台做营销，网友的抱怨、误解等都是家常便饭，因此，心理太脆弱是做不好社会化营销的，所以一定要将自己练成"大心脏选手"。

互联网舆情非常复杂且变化莫测，千万不要试图去控制媒体。在互联网中，每个人都可能成为信息输出的节点，那种花钱买"水军"控评的做法越来越难奏效了。其实，互联网经济就是注意力经济，在社会化营销的过程中，一个品牌和事件的关注度，一定要有碰撞、有矛盾、有张力才能做得起来。社会化营销不怕碰撞和矛盾，只要能因势利导，就有望把舆论主流扭转到对自己有利的方向。

不要奢望所有人都给自己好评。在一个传播事件中，只要有七成是正面评价就很好了，剩下三成的负面声音对口碑不会造成颠覆性影响。当然，对所谓的"负面"声音也不能不闻不问，必须过滤分拣，灵活应对。

如果有人是有明确商业目的、有预谋、成规模的恶意攻讦，就要第一时间警觉，敢于果断出手平息；如果只是用户对产品或服务的抱怨，那么客服人员要快速回应，以最快速度和最大投入第一时间解决可以马上解决的问题。对于不能马上解决的问题，也要果断道歉及积极善后。

至于大众对我们的误解，只要无伤大雅，可以选择性忽略。因为互联网传播太快，信息太多，这些误解很快就会被新的信息覆盖。

但是，对于有代表性的、成规模出现的误解，我们要想办法进行系统性解决。

比如，为了消除社会各界对小米手机品质和生产过程的质疑，小米说服了代工厂跟小米一起搞"开放日"活动。到了开放日，数百名业内人士、媒体记者、普通用户深入代工厂参观了小米手机的生产全过程，并在小米物流中心见证小米官网的用户订单被电商系统推送到物流中心后拣货、打包的全部过程。

眼见为实的真相和坦诚相待的态度，使小米从根本上打消了业界的质疑。这比不停地发公关稿件或者买"水军"控评的做法，更能妥善处理互联网公关危机，而且不会制造新的舆论问题。

（1）小米以互联网为主要营销渠道，把公司变成了一个自媒体品牌。

（2）小米不用外包的形式搞社会化营销，而是由自己的队伍去运营。

（3）小米做社会化营销的四个核心渠道：论坛、微博、微信和QQ空间。

（4）以眼见为实的真相和坦诚相待的态度处理好互联网公关危机。

第7章
▼

构筑生态链：在市场
竞争中保持先锋势能

- ◆ 小米如何布局商业生态链
- ◆ 培育生态链：选择合适的团队与产品
- ◆ 如何保障生态链的健康有序发展
- ◆ 向社交电商领域进军的小米
- ◆ 探索全渠道时代的新营销模式

小米如何布局商业生态链

2013年末，雷军看到了物联网（Internet of Things，缩写IoT）的风口即将来到。为了不让小米错过这个新风口，雷军决定用投资的方式孵化生产智能硬件的硬件公司。这就是小米布局商业生态链的开端。

当时的小米已经发展为拥有4000名员工的大企业，其中，2000名员工都在做手机业务。单看人员规模，靠小米内部孵化硬件企业是没问题的，可是这不符合小米互联网思维倡导的"专注"。

雷军认为，小米必须保持专注，否则业务不聚焦的话，就会降低效率，不如从外部找更专业、更优秀的人来做其他细分领域。他打了个比方说："我们不要做航母，而是要组成行动敏捷的舰队。舰队中的每一艘船，都要有自己的船长。"

小米的生态链，最早是2011年提出的"铁人三项"（硬件＋软件＋互联网综合体验），在2016年演变为"新铁人三项"（硬件＋互联网+新零售）。

2019年，小米生态链发展为"手机×AIoT"。2023年，小米
AIoT接入设备6.55亿台。如今，小米又提出了"人车家全生态"战
略升级规划。

由上述案例可知，小米为了用产品、硬件联结更多的用户，扩大
市场占有率，早早就着手布局自己的商业生态链。那么，为什么小米
要从外部孵化硬件公司，而不是在公司内部组建新部门呢？保持"专
注"对小米真的那么重要吗？

答案是肯定的。小米模式的本质是效率革命。如果让小米内部团
队涉足多个领域研发多类产品，那么内部资源就会分得太散，不利于
打造爆品。而且无论做哪一类产品，都需要从头开始研究，这样就不
可能做到互联网七字诀的"快"字诀。通过"投资+孵化"的方式弄很
多生态链企业，让他们以最快的速度去布局市场，才能让小米生态链
团队保持生机且迅速壮大。

让我们来看看小米是如何布局商业生态链的。

1．生态链布局的基础：做对三个选择

小米以"投资+孵化"的方式打造生态链布局，第一步是做对三个
选择：行业、企业、市场。

（1）找对行业。

小米布局生态链的战略，顺应了中国制造业发展的大趋势。中国

制造业经过多年努力发展，已经形成了庞大的整体规模，被誉为"世界工厂"。中国制造业有全球最完整的产业链，但在很长时间里的竞争力还不够强。

很多国内企业长期以来只追求市场份额的增长和企业规模的扩张，忽视了行业的技术进步和消费者的痛点。这导致一些产品在外观设计、制造工艺、材料应用、生产效率、使用质量等方面与国外名牌产品存在显著差距。追根溯源，这是商业效率低下所致。

小米创始人雷军把"改变商业世界中普遍低下的运作效率"作为创业理想。小米官网也宣布："小米有勇气、有决心、有毅力推动一场深刻的商业效率革命。"

小米生态链选择的行业，主要是跟大众的衣、食、住、行、通信、娱乐、健康息息相关的硬件行业。集团总部通过把自己的实战方法论传给生态链企业，再由这些研发智能硬件的公司在不同的行业中以爆品致胜，打破了该行业效率低下的现状。

（2）找对企业。

小米集团挑选合作企业像择佳偶一样慎重。那些研发、生产、营销能力面面俱到的公司，不会被小米纳入商业生态链中。因为这种十八般武艺样样精通的公司，跟小米缺乏互补性，无法形成相互配合的共赢局面。

小米要找的合作企业通常有以下特征：

一是，具有突出的技术研发能力，有潜力突破该行业的痛点。

二是，公司在品牌、营销、供应链等环节存在短板，无法充分解放其科研潜力。

三是，认同小米文化和小米营销模式，愿意打造"感动人心、价格厚道"的产品。

这样的企业很难在市场中独立发展壮大起来，甚至有可能濒临破产的边缘，正需要像小米这样的业内领先企业以"投资+孵化"的方式进行赋能。双方的合作空间很大，有利于共建商业生态链版图。

（3）找对市场。

小米的市场理念是：满足80%用户的80%需求。根据这个市场要求，小米生态链企业选择的产品通常是标准化程度高的功能型产品。此类产品对应了多个细分市场的普遍需求，也具备足够突出的实用性，有成为爆品的潜力。

为了确保产品"叫座又叫好"，小米集团总部要求生态链企业在产品设计上要坚持守正出奇的原则，专注于用产品的核心功能解决用户的核心痛点，同时在定价、渠道、营销宣传策略上像小米一样出奇制胜。这样才能保证小米生态链能有效地扩大每个具体细分市场的市场占有率。

2. 小米如何赋能生态链企业

小米在"投资+孵化"生态链企业时，主要通过七个方面对其进行赋能：

（1）品牌赋能。

小米生态链中的众多企业都是初创公司或者中小型企业。这类公司有不错的技术能力，但社会影响力有限。小米在构建商业生态链时，用自己的品牌效应为其背书，实现品牌热度与流量的共享，并进一步将数以亿计的用户（特别是用户中的铁杆"米粉"）转化为生态链企业稳定的受众人群。

（2）商业赋能。

小米用自己的商业模式帮助生态链完成升级、转型，比如，帮助这些企业分析用户群体，找出该群体的核心痛点；指导和完善产品的工业设计，提升其产品竞争力；传授做产品、经营粉丝、做口碑营销的方法论，帮助这些企业复制小米的成功模式。

（3）渠道赋能。

在加入小米的商业生态链布局后，所有的生态链企业都可以使用小米的线上渠道（主要是小米商城）和线下渠道（主要是小米之家）来卖自己研发的产品，最大限度地降低营销成本，加大销售力度。

（4）供应链赋能。

小米打通了自己的供应链，掌握了大量制造业资源，将全球最优秀的供应链系为我所用。虽然生态链企业大多是在供应链环节缺乏话语权的普通中小型公司，但通过小米的供应链赋能，这些企业能高效地削减生产成本，更好地对产品进行品控，从根本上提升运营效率。

（5）技术赋能。

小米通常会把不同领域的产品研发任务下发到各个生态链企业，由具体的企业自主研发产品。这些企业在技术上有自己的强项，其技术弱项也会得到小米的技术赋能，从而不断地提升自身的技术实力，研发出更好的产品。

（6）团队赋能。

小米在组建生态链时，会根据每一家生态链企业团队的优缺点来帮助其重组团队，优化人才配置，并挑选最合适的人才为这些团队提供支援。这使得小米生态链企业能更好地解决团队建设上的短板。团队赋能主要由小米生态链谷仓学院、谷仓新国货研究院等小米集团旗下的培训机构来落实。

（7）资本赋能。

生态链企业陷入资金周转不灵的困境时，会得到小米集团总部的投资。小米生态链的投资人团队都是由小米工程师团队组成的。他们会为加入生态链的企业进行资本赋能，减轻其财务压力，确保生态链企业的正常运转。

总之，通过以上七种赋能方式，众多生态链企业将在小米集团的鼎力扶持下迅速茁壮成长，从而占据某个领域的爆品市场。

小米生态链的梦想是——通过200个小米工程师，撬动200家生态链企业、数万人的员工、千亿资本的投入。如今，小米集团已经建立了超过270家企业的生态链，其中100多家企业专注于生活消费产品。以下是小米生态链的"八大金刚"：

● 紫米：做小米移动电源
● 智米：做小米空气净化器

● 华米：做小米手环

● 石头：做米家扫地机器人

● 九号智能：做九号平衡车和小米滑板车

● 万魔：做小米耳机

● 开润：做90分旅行箱

● 云米：做小米净水器

这"八大金刚"在A股+美股+科创板的市值已经达到了1000亿元的级别。由此可见，小米生态链未来的发展会更加令人惊喜。

要点提炼

（1）小米为了用产品、硬件联结更多的用户，很早就开始布局自己的商业生态链。

（2）小米将自己的方法传授给生态链企业，带动这些企业革新不同的行业。

（3）小米在生态链企业的选择上非常慎重，要求合作伙伴在技术上有突破行业痛点的潜力，在发展上有配合、互补的空间，在事业追求、企业文化价值观上契合。

（4）小米生态链选择的产品通常是标准化程度高的功能产品，并要求生态链企业在产品设计上追求守正出奇。

（5）小米采用诸多办法对生态链企业进行赋能。

培育生态链：选择合适的团队与产品

　　小米生态链部门团队最初由小米早期员工组成。他们既是产品经理，又是孵化智能硬件公司的投资人。他们同一般的投资人关注点有所不同，更看重对方的产品潜力、技术能力和科技发展趋势。小米生态链部门的使命是用小米的资源帮助有潜力的科技公司做大，并在生态链企业中植入小米的价值观、产品观和方法论。

　　生态链团队成员"八仙过海，各显神通"，去寻找市场中有潜力的硬件企业。比如，小米前生态链的创始负责人之一的孙鹏找到他的中国科技大学校友黄汪。黄汪的公司正陷入资金周转困境，但其生产的智能手表颇具水平。小米生态链对该公司投资，从此进军智能穿戴行业。

　　2014年，小米提出了5年投资100家生态链企业的目标。小米生态链通过不断向有技术特长的智能硬件公司投资，陆续向智能照明行业、扫地机器人行业、摄像机、智能插头、智能无人机、智能汽车等领域进军。

2018年，小米提前实现了2014年提出的投资目标，把小米模式扩展到100个细分领域，带动整个智能硬件产业飞速发展。

投资本身是有风险的。小米"投资+孵化"生态链企业也不例外，万一投资失败，就会影响集团的战略布局。小米生态链部门团队成员大多是工程师出身，他们与职业投资人的思维方式差别很大，一开始也没有投资经验。那么，他们是怎样为小米生态链挑选合作团队与产品的呢？

1. 如何挑选生态链创业团队

一般的投资人更关心行业周期的风口、投资对象的市场占有率、品牌估值、财务状况等。而小米投资生态链创业团队的评估标准则有所不同，他们主要从下面三个角度来考察投资对象：

（1）志向高远且专注目标。

小米模式讲究以高效率降维打击整个行业，以"牛刀"来"杀鸡"的战术打造爆品，促使行业中的其他公司提升效率。这就需要生态链创业团队同时具备远大的事业理想与专注做透一个细分市场的恒心。

没有高远志向的团队，则不可能真心认可小米"让全球每个人都能享受科技带来的美好生活"的企业使命。而不懂得专注耕耘某个细分市场的团队，则不符合小米借助各个生态链企业做透每一个细分市场的战略意图。只有在这两方面都同小米的使命和战略契合，才有融入小米商业生态链的可能性。

（2）潜力巨大的技术黑马。

小米是一家科技公司，拥有自己独到的技术优势，但不可能在所有领域都是行业技术尖兵。所以，小米生态链投资人聚焦于"投资+孵化"各种主攻某个细分市场的科技公司。这些公司可以没有很好的产品销量，但必须拥有明显的技术优势。小米生态链投资人最喜欢的是那种拥有优秀技术人才、研发能力很强的团队。这样的团队只要得到充分的研发资源，就有可能做出令同行震惊的成果，成为业界异军突起的黑马。基于此，小米乐于寻找那些潜力巨大的技术黑马，一起推动行业的进步。

（3）追求极致的工匠精神。

这里的工匠精神，其实相当于小米互联网七字诀中的"极致"。小米一贯追求把产品和服务都做到极致，所以在投资生态链创业团队的时候会优先选择对技术精益求精的工程师。特别是那些对产品外形设计、材料质感、制造工艺非常敏感，不惜推迟产品上市时间来"死磕"细节，坚持做良心产品的研发团队，是小米投资和孵化的首选。有了这样的团队，才能确保小米生态链产品的高品质，从而完成"感动人心、价格厚道"的使命。

2. 如何选择生态链产品

小米生态链的产品战略主要围绕智能手机扩展，聚焦多个细分市场。也就是说，小米生态链产品在宏观市场中覆盖了多个细分市场领域，但在每一个具体的细分市场中，生态链产品要力争成为该领域的第一爆款。为了挑选有爆品潜力的产品线，小米生态链部门采用了两种方法：向前渗透，向后梳理。

（1）向前渗透。

向前渗透，指的是做产品要面向未来，逐步渗透到亿万普通家庭未来的生活场景中。这个市场方兴未艾，用户的需求极其庞大，未来的发展前景不可限量。特别是智能硬件与生活耗材等类型的产品，不仅是广大普通用户家庭需要的，还是小米生态链战略的主攻方向。

通过向前渗透，小米生态链已经孵化了多个领域的智能硬件生产商，已经在不少细分市场中成为推动技术创新的领跑者。这样的产品战略提前在未来市场布局，与相关行业共同成长，为整个商业生态链的发展赢得了先机。

（2）向后梳理。

向后梳理，指的是针对用户消费升级的需求来重新梳理、改造和升级各条传统产业链。雷军认为，生活中99%的产品都需要重新设计。因为用户对产品的需求越来越大且更加复杂。然而，国内许多公司对新生代用户的新需求熟视无睹，还想着用陈旧的产品研发思路打天下。这就造成了新生代用户的诸多痛点，也让产业升级进展滞后于社会发展的需求。

作为一家科技公司，小米致力于满足人民日益增长的美好生活需要，为社会发展贡献一份力量。

基于此，小米生态链重新梳理和改造产品供应链的上游、中游与下游，扶持那些优质的生产商和供应商，再通过这些生态链企业来打破各个细分市场的产业升级瓶颈，淘汰那些不适应未来产业发展需求的守旧者。这样才能和志向高远、科技实力强劲的竞争对手一起提高整个中国制造业的运营效率，为中国消费者创造更多价值。

3. 小米生态链产品的三个圈层

小米投资和孵化的生态链企业多达数百家，涉及的产品品类五花八门。难道小米忘了"保持专注"的初心吗？没忘。如果仔细观察的话就会发现，小米生态链投资的产品线都能跟小米的核心产品智能手机产生关联，并且已经形成了三个紧密相连的圈层：手机周边、智能硬件和生活耗材。

（1）手机周边。

这个圈层以智能手机为核心，打造各种与手机相关的配套产品，如耳机、手环、移动电源、小音箱等。小米各个生态链企业的手机周边产品，与小米智能手机是一体化的关系，共同为小米的主要用户群体服务。"米粉"可以得到像小米手机一样物美、价格厚道的一切周边产品。

（2）智能硬件。

这个圈层的产品也是小米生态链主要的开发方向，包括空气净化器、净水器、电视、电饭煲、无人机、平衡机、机器人等。小米目前全力研发的智能电动汽车，与其他科技公司联合打造的小米智能工厂，也属于这个圈层。

随着科技的发展与社会的进步，智能家居、智能出行等科技革命的成果将越来越普惠大众。小米生态链以极大的热情孵化智能硬件公司，正是为了联合更多技术黑马团队的力量，在各个智能硬件细分市场抢先占据有利地位。这也符合小米向前渗透的产品战略。

（3）生活耗材。

这个圈层的产品与前两个圈层不同，主要是一些毛巾、牙刷、行李箱之类的生活耗材，科技含量相对较低。为什么小米生态链要扩展到这个圈层呢？因为生活耗材的需求量极大，而且都是用户比较稳定的"刚需"，符合小米"满足80%用户的80%需求"的市场定位原则。同时，它也是向后梳理的产品战略的体现。

小米生态链企业一边通过设计、材料、工艺来升级此类产品的品质，一边用高效率的商业模式来进一步降低生活耗材的成本。那些以前没有使用过小米生态链第一、第二圈层产品的目标用户，在高频率购买第三圈层的生活耗材之后，会逐渐被引流到前两个圈层。如此一来，小米生态链就会获得更广阔的市场。

（1）小米组建商业生态链的时候，会优先选择有抱负的技术黑马创业团队。

（2）小米生态链产品选择的基本思路：向前渗透，向后梳理。

（3）小米生态链产品形成了三个圈层：手机周边、智能硬件和生活耗材。

如何保障生态链的健康有序发展

2015年，小米生态链投资日益频繁，投资体量越来越大，生态链迅猛扩张。当时，小米对生态链企业的管理依然十分松散，不利于组织的规范化发展。为此，小米从诺基亚公司聘请了赵彩霞担任生态链总监，负责对生态链进行一次系统的梳理，帮助小米生态链企业建立成本考核机制。

按照原先的协议，小米生态链企业获得的利润要按照股份给小米一定比例的分成。但是赵彩霞发现，这些公司对如何核算利润、扣除成本各有各的算法。为了生态链平台的长远发展，小米生态链部门重新制定了统一的业务合作协议范本，要求生态链企业的成本报价必须真实，而且要有无限期、可追溯的违规惩罚机制。

当时，不少生态链企业抵制这项新制度，就连公司内部也有一些人觉得此举把事情变得复杂化了。但小米高层强烈支持小米生态链总监赵彩霞的改革，最终小米从2015年8月开始由财务部、信息部、物流部等7个部门一起搭建了生态链的集中采购系统，打通了物流、订单和财务结算体系。随着生态链企业的规范化，小米生态链实现了健康的规模化成长。

起初，小米从原体系中抽调部分资深工程师为种子骨干，由他们来构建生态链企业系统。这些种子骨干熟悉小米模式，又持有公司股份，有能力也有干劲帮助小米投资和孵化生态链企业。但是，随着生态链企业的数量不断增加，小米集团越来越难以维持整个商业生态系统的平衡，于是出现了上述案例中提到的乱象。

创建集中采购系统是小米生态链发展史上的一次重要变革，结束了生态链企业无序发展、野蛮生长的局面。如今，小米集团对商业生态链的管理方式也越来越成熟。要想弄清小米生态链管理和传统大型企业集团的管理有何差异，就要先了解小米生态链谷仓学院提出的一个概念——竹林生态。

1. 小米生态链的"竹林生态"

在互联网时代，许多公司像雨后春笋一般涌现。然而，创业公司的平均寿命却很短暂，有些甚至不到一年就黯然谢幕。产品迭代的频率在不断加快，创业成功的概率却越来越低。不少技术能力扎实且富有创新精神的创业团队还没获得充分发展，就被时代抛弃了。这无疑是令人惋惜的。

小米在探索商业生态链的时候，从竹林的生长方式得到了很大启发。竹子的生命周期不长，一根竹子无法独立生存，所以竹子会通过发达的根系来长成为一片竹林，提高生存率。

竹子的成长周期大致可以划分为：地下竹笋期、地上幼竹期、成竹期、衰退期。地下竹笋期的竹子依靠根系吸收大量养分，破土而出后就以竹笋的形态转入地上幼竹期。竹笋依靠四通八达的地下根系，在很短时间内成长为成竹，这就是成竹期。单棵成竹经历漫长的成竹期后转入衰退期，直到生命结束。但竹林的根系只会越来越发达，让新的竹笋生生不息。

小米生态链模式就像是一片竹林。小米集团总部好比是发达的竹林根系，采用"投资+孵化"模式来为各个"竹笋"（生态链企业）输送各种养分。所有的生态链企业从"竹笋"成长为"竹子"后，依然通过地下根系与小米交织在一起。这便是小米生态链构建的同生共荣的"竹林生态"。

2. 小米生态链管控模式

小米与所有生态链企业的关系并非传统的集团总公司和子公司的关系，每一家生态链企业都有较强的自主权和自己的发展规划。如何处理二者之间战术自主与战略统一的辩证关系，如何保持"竹林生态"系统的平衡，是小米生态链管理的核心问题。

小米生态链总部经过反复探索，总结出来一套行之有效的管控模式，具体包括以下四个原则：

（1）引导而不命令。

这是一个很重要的原则。小米只是按照集团发展的统一战略来引导各个生态链企业发展的可能性，给出合理化建议，但不会命令他们按照小米生态链部门的指示去做。毕竟，生态链企业不是大树上的枝杈，而是"竹林生态"中的"竹子"，与小米拥有共同的根系，但不是小米的附庸。

每一家生态链企业都会在小米生态链部门的赋能下发展小米、米家品牌产品。不过，有一些生态链企业还会打造一些跟小米无关的产品链。小米并不会阻挠生态链企业发展自有产品链，只会引导其实现"小米生态链产品+自有产品"双轨道并行发展。这也是对生态链企业自主决策权的一种尊重。

（2）帮忙而不添乱。

小米生态链部门许诺对生态链企业"帮忙而不添乱"。所谓帮忙，就是为生态链企业进行全方位赋能；不添乱，则是指不过度干预生态链企业独立自主的经营权。比如，小米旗下的谷仓新国货研究院有一项贴身辅导生态链企业完成品牌战略落地解码工程（即品牌赋能）的业务，其工作流程如下：

一是组织诊断。全面深入进行企业研究、行业研究及用户研究。

二是分析测量。定量定性调研测算品牌价值、品牌授权。

三是战略定义。体验性品牌定义、品牌个性、品牌信息屋搭建。

四是品牌形象。通过用户视角的感官设计，锐化品牌。

五是品牌延伸。提供品牌架构关系、IP商业化管理建议书。

六是执行监督。对全体系落地执行进行实时监督指导，保证品牌统一性。

小米通过这种方式来对孵化对象进行品牌赋能，使其从"竹笋"成长为独当一面的"竹子"，成为小米生态链中必不可缺的一环。

（3）参股而不控股。

这是小米与各个生态链企业的一个利益分配机制。小米"投资+孵化"生态企业的做法，本质上是一种合作关系，而非收购关系。所以，小米会参与生态链企业的股份，但股份的主要份额还在生态链企业手中。那些具有技术黑马潜力的智能产品创业团队，既能得到生态链"根系"的滋养，也能保证劳动成果的绝大部分不被投资方拿走。这样，他们才能以最大的积极性去艰苦奋斗。参股而不控股的管控方式让每一家生态链企业都力争上游，使得小米生态链可以实现百花齐放、共同成长的利好局面。

（4）上市之前不分红。

小米是一家信奉长期主义的科技公司，坚持以长期战略的眼光来维护整个生态链的长期利益。众所周知，爆品战略下的产品研发的投资成本是很大的。拥有技术黑马潜力的生态链创业团队，需要较长的产品研发周期来保证产品的品质，也需要更加自由的财务支持研发工作，这样才能提高自身创业的成功率。

为此，小米对生态链企业实施参股而不控股的政策，并在此基础上作出承诺：在被孵化对象成功上市之前不分红，把小米股份所得的红利留在该企业中作为续存发展的资金。这种做法能极大地减轻生态链企业的创业压力，从而使对方更好地为攻克自己负责的小米生态链细分市场冲锋陷阵。

3. 生态链系统内部管理原则

小米尊重生态链企业的自主经营权，但也会对日益庞大的商业生态链系统进行管控，平衡生态链系统内部各方的利益关系，确保整个生态链不会因为内斗而崩盘。为此，小米确定了一个生态链系统管理原则：充分合作，适度竞争。

在大方向上，小米与各个生态链企业、生态链企业之间都要基于统一的技术标准、共同的价值观进行充分合作。小米像竹林根系一样为各个生态链企业赋能，与之共享供应链、品牌影响力。各个生态链企业与小米相互配合，共同在各个细分市场中拓展小米生态链的版图。这让小米产品与生态链产品形成了相互支持、优势互补、互相引流、共成爆款的格局。

与此同时，小米不会把某种产品只交给某家生态链企业来打造。如果这一家企业做得不好，小米会换一家企业来担负这个研发任务。有时候，好几家生态链企业都争着做某一类产品，通过不同的打法在某个细分市场展开竞争。

小米允许生态链企业之间的适度竞争，让市场用户来做出最终的选择。这样做可以让生态链内部保持更多的活力。只有当适度竞争演变成破坏生态链战略整体发展的恶性竞争时，小米才会进行较多的干预。这种包容的态度成就了小米生态链的"竹林生态"。

（1）小米通过原体系中种子骨干来构建生态链企业系统。

（2）小米生态链模式好比是一片竹林，小米集团总部像竹林根系为竹笋输送养分一样"投资+孵化"各个生态链企业。

（3）小米对生态链企业的四个管控模式：引导而不命令，帮忙而不添乱，参股而不控股，以及上市之前不分红。

（4）小米生态链系统内部管理原则：大方向是充分合作，同时在一定范围允许适度竞争。

向社交电商领域进军的小米

在社交电商风口驱动下，小米有品App于2017年4月正式上线。2018年12月，小米有品上线了"小米有品有鱼"App并进行了内部封闭测试。小米有品有鱼的定位是"社交驱动型精品会员电商"，通过吸收认同小米价值观的用户为会员，为其提供完善的高价值会员服务。

用户注册成为小米有品有鱼App的用户（需绑定邀请码）后，就能享受自购省钱、分享赚钱等会员专享权益，同时还能获得价值超千元的平台优惠券。

据小米官网资料显示，有品有鱼App依托小米生态链体系，用小米模式做各种各样的生活消费品，几乎涵盖了生活家居领域的方方面面。

小米有品有鱼App用了2年时间就发展到拥有17大品类，超过3000件在售商品，超过400家合作企业。但是，这条社交电商创新之路并不是一帆风顺的。2022年1月17日，小米有品有鱼App宣布将于3月17日终止运营。公告称，自2022年3月17日10时起，小米有品有鱼App将停止提现服务，关闭服务器，届时及以后将无法访问有品有鱼App及小程序。

小米有品有鱼App的尝试遭遇了挫折，但这不代表小米向社交电商进军的战略是错误的。因为社交电商确实是一个不容忽视的市场风口。

据中华人民共和国商务部在2024年1月19日发布的数据显示："2023年，我国网上零售额15.42万亿元，增长11%，连续11年成为全球第一大网络零售市场。其中，实物商品网络零售额占社会消费品零售总额比重增至27.6%，创历史新高。"

2024年3月22日，据中国互联网络信息中心（CNNIC）发布的第53次《中国互联网络发展状况统计报告》显示："截至2023年12月，我国网民规模达10.92亿人，较2022年12月新增网民2480万人，互联网普及率达77.5%。"

由此可见，我国互联网用户和网络零售的规模都在持续上涨，为社交电商的发展提供了坚实的基础。

1. 社交电商的三种模式

社交电商，指的是利用社交媒体平台进行销售和推广的电商模式。在社交电商模式下，商家通过社交媒体平台发布商品信息，与用户进行互动，回答用户的问题，然后直接进行销售。当前的社交电商主要分为三种模式。

（1）以熟人为依托的社交电商。

以熟人为依托的社交电商，是最简单的一种社交电商模式。中国社会仍然是个熟人社会。传统商家的生意就是从街坊邻居、亲戚朋友开始做起的。社交媒体让人与人之间的通信变得空前方便，可以随时随地保持联系。以熟人为依托经营社交电商，可以更快地扩展生意。

此外，互联网零售虽然有很多产品推荐机制，但是对于用户来说，熟人的分享与推荐是可信度最高的，大数据统计结果还不如熟人的口碑营销令人放心。熟人电商模式可以最大限度地借助熟人关系对用户产生影响及促成交易。

（2）以社群为依托的社交电商。

一个人的熟人圈子是有限的，即使熟人的熟人圈子加起来，也很难达到很大的规模。这就限制了熟人社交电商模式的发展潜力。所以，许多社交电商是以某个社群为目标受众，专注于开发垂直社群所在的细分市场。

垂直社群是一群基于共同兴趣爱好、价值观或者事业而形成的群体。社群往往有较大的人数规模，社群成员在理念、行为习惯和消费偏好上有明显的趋同性。也就是说，只要一款产品受到了部分社群成员的欢迎，就会被推广到社群中，最终被多数社群成员认可。甚至该产品就变成了该垂直社群的一个符号化特征。小米最忠实的用户——"米粉"就是典型的垂直社群，同时小米的社交电商较接近社群模式。

（3）以关键意见领袖（Key Opinion Leader，简称KOL）为依托的社交电商。

KOL通常是一些网络大V、垂直领域达人、网络红人。他们在网络上具有一呼百应的影响力，其粉丝甚至可能自动形成一个组织松散或紧密的垂直社群。因此，很多商家推广新产品时，都喜欢找KOL"种草"（指专门给别人推荐好货以诱人购买的行为）。

因为KOL在自己的领域被粉丝视为"专家"，他们的"种草"对于粉丝来说就像熟人推荐一样可信又可靠。社交电商可以借助KOL的影响力轻松完成品牌推广，更容易实现流量的转化。

不过，KOL一旦因为不当言行而口碑直下，就会失去在粉丝心中的公信力。此时，跟KOL合作的品牌反而会遭到原有粉丝的集体抵制。这是一个潜在的风险，商家不能不注意。

2. 社交电商何去何从

小米凭借经营多年的"米粉"基础进军社交电商，把传统粉丝升级为享有更多权益的电商平台会员。小米积极打造社交驱动型的精品会员电商平台，试图与用户结为长期共生、共赢的关系。小米虽然在社交电商领域的试水不太顺利，但已经透露了社交电商未来发展的如下三个趋势：

（1）开拓下沉市场。

随着社会的发展，我国三、四、五线城市的消费潜力正在逐渐展现出来。很多公司都高度重视下沉市场，甚至把电商业务做到了广大农村。社交电商的本质是通过熟人、朋友或认可产品的用户推荐，让更多用户做出购买决定。下沉市场的熟人社会属性比一、二线大城市更加明显，下沉市场的用户也需要消费升级。这是社交电商未来必争的市场份额。

（2）深耕会员用户。

越来越多的社交电商采取会员制度。社交电商会对会员用户进行信息共享，为其提供精细化服务，满足其个性化需求。小米线上、线下一体化的新零售体系，本身具备强大的服务能力，为小米社交电商拓展人脉网络，深耕会员用户打下了良好的基础。

（3）聚焦私域流量。

私域流量是指从公域（互联网）、它域（平台、媒体渠道、合作伙伴等）引流到自己私域（官网、客户名单），以及私域本身产生的流量（访客）。它可以进行二次以上链接、触达、发售等市场营销活动客户数据，跟域名、商标、商誉一样属于企业私有的经营数字化资产。

社交电商与传统电商的根本区别，在于它必须建立自己的私域流量，通过精准服务细分的用户群体，实现口碑的裂变式传播与流量转化为销量的闭环。如今的小米形成了"人、货、场"三位一体系统，具备大力发展社交电商的基础。道路虽然曲折，未来指日可待。

（1）小米试水社交电商。

（2）社交电商的三种模式。

（3）社交电商未来发展的三大趋势。

探索全渠道时代的新营销模式

案例回顾

2015年，小米与京东展开合作。2023年9月，小米京东自营旗舰店粉丝规模破亿，小米也成为京东首个店铺粉丝破亿的品牌。

2024年3月，全国第一家京东自营小米之家落地天津京东MALL。2024年4月，小米和京东联合举办了第一届京东米粉节活动。这也是小米第一次与渠道方深入合作共同举办米粉节活动。

这一年恰好是小米集团的"人车家全生态"战略全面展开之年。小米的目标是实现人、车、家场景之间的智能互联，让更多用户享受到小米全场景智能化体验。京东平台作为小米全球销售规模最大的战略级合作伙伴，也将持续深化零售、物流、科技、金融领域的合作，并进一步在工业、产发、健康、保险等领域实现多产业深度融合与协同发展。

据《钱江晚报》报道，小米集团与京东集团在2024年5月达成了全新的战略合作。双方明确了未来三年的目标是小米在京东全渠道销售额达到2000亿元。

小米集团与京东集团开展全渠道战略合作，是一场对全渠道营销模式的重大探索。这也是对小米新零售战略的进一步发展。

1. 全渠道营销模式

营销界一直有"产品为王"和"渠道为王"的争论。其实，渠道好比是弓，产品好比是箭。弓箭要搭配使用，才能射中目标。产品要想打通市场，最终到达用户手中，离不开渠道的力量。倘若没有强大的营销渠道，小米是无法很好地实施爆品战略的。

渠道的发展经历了实体店、电子商务、多渠道、全渠道四个阶段。小米最初的崛起是靠电子商务的线上渠道，没有实体店，单纯以互联网营销征战市场。后来，小米顺应市场形势的变化，开辟线下零售体系，进入了多渠道阶段。如今的小米基于移动互联网的发展，致力于融合自家线上、线下与社群、渠道平台合作方等营销资源，向全渠道营销模式进发。

发展全渠道模式是每个有远见的企业的必然选择。因为当代用户的以下两个特点催生了全渠道模式的发展需求：

（1）用户获取信息的途径极大地增加。

在传统营销渠道中，线下用户只能在商店亲身体验产品效果，或者通过电视、广播、报纸杂志等传统媒体渠道来了解产品信息。到了今天，互联网用户可以通过大众点评、美团等App评分，淘宝、天猫、京东、当当等电商平台在线客服咨询，以及微博、微信公众号、短视频、小红书等网红达人的"种草"帖等多种途径了解产品信息。不同消费者所依赖的信息来源各不一样，往往不太注意其他渠道的宣传信息，下意识地以为自己"看不到就是没有"。企业只有发展全渠道模式，才能确保产品品牌信息能覆盖尽可能多的用户群体。

（2）用户需求多元化。

如今的用户越来越重视自身的个性化需求。不少针对个性化需求的小众定制产品都能获得不错的销量。随着用户需求趋于多元化，大众市场正在被不断地进一步分化成很多细分市场。每个细分市场的规模其实也相当可观，蕴藏着巨大的开发潜力。用户渴望能在各个不同的渠道买到符合自身个性需求的产品。如果企业不发展全渠道模式，即不打通线上、线下等渠道的客流、资金流、物流、信息流，把渠道铺设在各个细分市场，就无法随时随地满足用户个性化的消费需求。不能给用户带来超出预期的体验，对小米人来说不符合企业发展的目标。

2. 小米对全渠道模式的探索

全渠道模式的关键在于，需求端和供应端的高效对接、整体升级。

在小米的线上渠道建设方面，早期，以小米社区积累粉丝，以小米商城做线上销售，后来，与京东、苏宁、亚马逊等第三方电商平台进行合作。在线下渠道建设方面，小米布局了小米之家、小米专卖店、小米体验店、小米直供店等。从2017年开始，小米开始推广社交电商，推出了精品生活电商平台——小米有品。小米有品与小米之家、小米商城共同组成了小米自营全渠道的体系。

小米探索全渠道模式的目的是：为用户提供智能化的生活方式与工作方式的全场景极致购物体验，最大限度地满足用户的个性化需求，让用户可以从更多渠道接触公司的产品。

为了落实全渠道布局，小米从2017年开始升级整体供应链，并利用大数据平台实现了各渠道信息共享，并能快速地处理所有部门的数据，生产可供各渠道经营决策的报表。小米商业生态链的产品线虽然繁多，但在大数据的支持下，其在研发、生产、供应链、销售、服务等环节日益成熟。

3. 物联网助力小米全渠道发展

物联网是一个基于互联网、传统电信网等信息承载体，让所有能够被独立寻址的普通物理对象实现互联互通的网络。

物联网具有三个主要特征：普通对象设备化，自治终端互联化，以及普适服务智能化。其核心是物与物、人与物之间的信息交互。物联网的出现为小米全渠道营销模式提供了最强大的动力。

2017年，AI智能音箱"小爱同学"的研发成功，让小米找到了物联网的新入口。2018年，雷军把小米定义为一家"以手机、智能硬件和IoT平台为核心的互联网公司"。这是小米加速进军物联网的标志。

随着小米物联网的不断发展，小米全渠道营销模式也推动了集团的战略升级。

2022年8月9日，小米宣布全面构建"小米科技生态"，以人为中心，更紧密联结人和万物。2023年8月14日，小米宣布科技战略升级，并公开宣言："选择对人类文明有长期价值的技术领域，坚持长期持续投入。"这些措施反过来为小米的全渠道营销插上了智能化的翅膀。

据小米官网介绍："小米已经建立起全球领先的消费级AIoT平台，截至2023年6月30日，小米AIoT平台已连接的IoT设备（不包括智能手机、笔记本电脑及平板）数达到6.55亿台。目前，集团业务已进入全球逾100个国家和地区。"

消费级AIoT平台的建立，标志着小米全渠道营销发展到了一个新的高度。我们有理由相信，在不久的将来，小米商业模式会给广大的用户带来更多的惊喜。

要点提炼·

（1）全渠道时代的用户特点。

（2）打造全渠道模式的难点。

（3）小米对全渠道模式的探索历程。

（4）物联网的发展对小米全渠道营销的影响。